U0577025

优质高效课堂教学研修丛书

YOUZHI GAOXIAO KETANG JIAOXUE YANXIU CONGSHU

课堂教学
观察、诊断与评价

KETANG JIAOXUE
GUANCHA ZHENDUAN YU PINGJIA

▸ 孔凡哲　梁红梅　编著 ◂

东北师范大学出版社　长春

图书在版编目（ＣＩＰ）数据

课堂教学观察、诊断与评价/孔凡哲，梁红梅编著.
—长春：东北师范大学出版社，2014.6
ISBN 978 - 7 - 5602 - 9885 - 6

Ⅰ.①课…　Ⅱ.①孔…　②梁…　Ⅲ.①课堂教学—
教学研究—中小学　Ⅳ.①G632.421

中国版本图书馆 CIP 数据核字（2014）第 071558 号

□责任编辑：王宏志　□封面设计：张　然
□责任校对：孔垂杨　□责任印制：刘兆辉

长春净月经济开发区金宝街 118 号（邮政编码：130117）
销售热线：0431—85687213
传真：0431—85691969
网址：http：//www.nenup.com
电子函件：sdcbs@mail.jl.cn
东北师范大学出版社激光照排中心制版
北京柯蓝博泰印务有限公司印装

2014 年 6 月第 1 版　2019 年 5 月第 3 次印刷
幅面尺寸：169 mm×239 mm　印张：12.25　字数：234 千

定价：25.00 元

目录

第一章　课堂教学观察、诊断与评价的基本概念……………………… 1

提出问题………………………………………………………… 1

理论阐释………………………………………………………… 2

案例运用………………………………………………………… 5

互动对话………………………………………………………… 11

思考与活动……………………………………………………… 12

拓展延伸………………………………………………………… 13

第二章　课堂观察与诊断的作用与价值 ………………………………… 14

提出问题………………………………………………………… 14

理论阐释………………………………………………………… 14

案例运用………………………………………………………… 20

互动对话………………………………………………………… 27

思考与活动……………………………………………………… 29

拓展延伸………………………………………………………… 33

第三章　课堂教学观察的基本理论 ……………………………………… 34

提出问题………………………………………………………… 34

理论阐释………………………………………………………… 34

案例运用………………………………………………………… 46

互动对话………………………………………………………… 49

思考与活动……………………………………………………… 49

拓展延伸………………………………………………………… 53

第四章　课堂教学诊断的基本理论 ……………………………………… 54

提出问题………………………………………………………… 54

理论阐释………………………………………………………… 54

案例运用………………………………………………………… 62

互动对话………………………………………………………… 72

思考与活动……………………………………………………… 75

拓展延伸………………………………………………………… 77

第五章　课堂教学评价的基本理论 ……………………………………… 78

提出问题………………………………………………………… 78

理论阐释………………………………………………………… 78

目录

案例运用 …………………………………………………… 94

互动对话 …………………………………………………… 96

思考与活动 ………………………………………………… 97

拓展延伸 …………………………………………………… 98

第六章　课堂教学观察的组织与实施 ………………… **99**

提出问题 …………………………………………………… 99

理论阐释 …………………………………………………… 100

案例运用 …………………………………………………… 107

互动对话 …………………………………………………… 122

思考与活动 ………………………………………………… 123

拓展延伸 …………………………………………………… 124

第七章　课堂教学诊断的工具设计与实施技巧 ………… **125**

提出问题 …………………………………………………… 125

理论阐释 …………………………………………………… 126

案例运用 …………………………………………………… 137

互动对话 …………………………………………………… 140

思考与活动 ………………………………………………… 141

拓展延伸 …………………………………………………… 143

第八章　课堂评价的实用策略与实施技巧 ……………… **145**

提出问题 …………………………………………………… 145

理论阐释 …………………………………………………… 145

案例运用 …………………………………………………… 159

互动对话 …………………………………………………… 161

思考与活动 ………………………………………………… 162

拓展延伸 …………………………………………………… 163

第九章　课堂观察、诊断与评价的技能与艺术 ………… **164**

提出问题 …………………………………………………… 164

理论阐释 …………………………………………………… 164

案例运用 …………………………………………………… 178

互动对话 …………………………………………………… 186

思考与活动 ………………………………………………… 188

拓展延伸 …………………………………………………… 189

前　言

如众所知，课堂教学是教学改革的最终落脚点，学校的教育教学改革能否成功，一个重要的检验标准就是课堂教学实践。如何切实提升课堂教学质量，成为最近几十年来世界教育改革发展的重点和难点，对于深化基础教育课程改革的中国更是如此。

然而，究竟应该如何推进课堂教学改革？国内外学者仁者见仁、智者见智。

从课程教材变革入手实现课堂教学质量的提升，是 2001 年实施至今的基础教育课程改革的努力方向。改革的确取得了巨大成功，但一个无法回避的事实是，尽管教材更换了，但从"满堂灌"到"满堂问"，再到"满堂跑"，课堂教学生态的变化也在诉说着一个不争的事实——教材仅仅是制约课堂教学质量的重要因素之一，教师因素、学生因素、环境因素等同样制约着课堂进程。

近 30 多年来，从学生学习方式的角度进行课堂教学方式的变革，一直未停止过：从 20 世纪 80 年代教学方法改革中颇具代表性的自学辅导法（卢仲衡）、"尝试指导、效果回授"（顾泠沅）、自学议论引导教学法（李庾南）等，到至今仍火热中的杜郎口中学"三三六自主学习"模式、上海杨思中学"先学后教"模式，皆试图通过改变教的方式方法或者学的方式方法，实现有效课堂乃至理想的课堂教学效果，都是十分有益的探索，其间令人敬仰的探索历程（有些甚至是一个人毕生的追求），的确留下很多可圈可点的成果。但是，课堂教学研究手法的粗糙及课堂教学研究的复杂性，都给诸多研究留下无穷的遗憾。

作为工作在教学一线的普通教师，进行课程教材改革自然高不可攀——进行国家课程、地方课程的校本化，或者教材的二次开发，似乎更切合实际。进行教学方式方法的改革的确是一个好思路，而单枪匹马、单科独进式的改革，其艰辛可想而知。其实，无论什么样的改革尝试，拥有科学规范的研究工具与方法，至关重要。

作为课堂教学研究的重要工具性内容，课堂教学观察、诊断与评价，具有其他任何一个领域都无法替代的作用。不仅如此，课堂教学观察构成诊断、评价的前提和基础，成为课堂教学研究的必备要件；而课堂教学诊断、评价是伴随着课堂教学全程的一项重要内容，及时诊断问题所在，有效发挥评价的诊断、激励、改进和评判等多方面的功能，是确保课堂教学走向优质高效的重要保障。

因此，拥有课堂教学观察、诊断与评价的功夫，成为每一位胜任教师，从优秀教师走向卓越教师的重要法宝之一，不仅能够帮助自己切实提高每一节课的质量，而且能够有效促进教师自身的专业发展，实现自己专业水平的快速提升。

这本《课堂教学观察、诊断与评价》正是出于这样的创作目的。其实，撰写这样一本书稿，将自己从事课堂教学研究三十多年的经验、感悟和教训，纳入其中，并及时将国内外相关研究成果融入其中，使之成为中小学教师案头的一本工具书，一直是我的一个夙愿。但是，真要下笔完成这本书稿，却又是那么艰难——不仅需要好的思路、方法和经验，而且需要及时洞察来自中小学教育教学、研究一线人员的真正需求，同时，要有流畅的写作思路、创作灵感和精彩的案例素材。从而，书稿写作持续了两年之久——这是我人生第一次的书稿"违约"（虽然其中的主要原因是倾力筹办、运作、运营一所九年义务学校，忙碌所致），至今深感歉意——既有对出版社、编辑朋友的歉意，也有对读者、同仁们的愧疚。好在书稿最终顺利脱稿，心中方有一丝安慰。

书稿采取与读者对话、交流的方式，展开全书九章内容，每章都包括学习要求、提出问题、理论阐释、案例运用、互动对话、思考与活动、拓展延伸等内容，不求理论的完美无缺，但求实用、简捷而相对完整。九章内容涵盖课堂教学观察、诊断与评价的基本概念、作用与价值三个领域的基本理论，组织实施的基本策略方法，以及运用的技能、技巧。

本书稿的创作得到梁红梅老师的大力支持，担任了第二、四、七章的撰稿工作（王建平、栾慧敏参与了这三章的撰写工作），其余的第一、三、五、六、八、九章的撰稿，以及全书的设计、统稿工作由孔凡哲承担（黄娟参与了第八章的部分撰稿工作）。

书稿期望能在实用性、可读性、研究性、探索性和资料拓展性等诸方面，有一定突破，更期望这些努力能得到广大读者的认同。

本书稿是全国教育科学规划教育部重点课题《中小学数学"问题驱动、研训一体、共同发展"教研模式的实践研究》（课题批准号 GOA107009）成果之一，属于数学课堂观察、诊断与评价的相关成果的拓广。

孔凡哲

2014 年油菜花灿烂之际

于禾城南湖之畔

第一章 课堂教学观察、诊断与评价的基本概念

【学习要求】

1. 了解课堂教学观察、课堂教学诊断与课堂教学评价产生的必然性。
2. 理解课堂教学观察、课堂教学诊断与课堂教学评价。
3. 了解课堂教学观察、课堂教学诊断与课堂教学评价之间的差异。

提出问题 什么是课堂教学观察、课堂诊断？

如众所知，关注课堂教学的优质高效是基础教育课堂教学研究的焦点和难点。而准确把握课堂教学的现实状况是开展有效教学的前提。为此，需要针对课堂教学进行及时的观察、诊断和适时的评价。

传统的观课、评课、研课的确也是针对课堂教学展开的研究，虽有一定的程序和笼统的步骤，但缺少系统规范的技术、工具和方法，主要依靠实施者个人的主观经验和过于随意性的判断，导致"无合作、无证据、无研究"[①]的"三无"现象，得到的结论往往不令人信服，除非大家公认的权威人士凭借其丰富的经验和判断力而做出的直观判断。

走向专业的课堂教学研究成为课堂教学研究发展的必然，课堂教学观察、课堂教学诊断与课堂教学评价就是因此而产生的。

但究竟什么是课堂教学观察、课堂诊断和课堂教学评价呢？

---

① 崔允漷. 论指向教学改进的课堂观察 LICC 模式 [J]. 教育测量与评价，2010 (3).

理 论 阐 释

一、课堂观察的基本概念

传统的归纳主义科学观认为"科学始于观察",现代科学观认为"科学始于问题",但一个普遍共识是,科学研究离不开观察,不仅如此,观察是科学研究必不可少的重要基础。

课堂是实施教与学的基本场所。开展课堂教学研究,绝对离不开课堂观察。有效的课堂观察能为教育研究提供真实的第一手资料并成为有效的起点。

课堂观察(Classroom Observation)是指,观察者带着明确的目的,凭借自身感官(如眼、耳等)及有关辅助工具(观察表、录音录像设备等),直接或间接(主要是直接)从课堂情境中收集资料,并依据资料作相应研究的一种教育科学研究方法。[①] 亦称"课堂教学观察"。课堂观察的主要目的在于,准确把握课堂教学信息,进而为洞察课堂教学状态、改进教学、提高课堂教学质量提供依据。

课堂观察的核心目的在于客观、准确、及时把握课堂学习的真实状态及课堂施教的真实状态。为此,需要观察者使用一整套课堂观察技术,帮助教师科学、准确地了解学生的课堂学习状况,并真实、客观地认识课堂教学中所发生的一切事情。

课堂教学观察是基于教育社会学的发展而发展起来的。科学视角下的"课堂观察"源于西方科学主义思潮,作为研究课堂的一种方法,发展于 20 世纪五六十年代,由美国课堂研究专家弗兰德斯(N. A. Flanders)于 1960 年提出,后经不断修正"互动分类系统",即运用一套编码系统(coding system)记录课堂中的师生语言互动,分析、改进教学行为,这标志着现代意义下的课堂观察的开始。

二、课堂教学诊断的基本概念

诊断是一个医学术语。医生诊断后所做的结论,即判断病人所患疾病及其病情的程度,称为诊断。[②] 维基百科(http://zh.wikipedia.org)给出的解释是:诊断,在医学意义上指对人体生理或精神疾病及其病理原因所作的判断。

---

① 陈瑶. 课堂观察指导 [M]. 北京:教育科学出版社,2002.
② 辞海编辑委员会编. 辞海(缩印本)[M]. 上海:上海辞书出版社,1979:385.

这种判断一般是由医生等专业人员根据病症、病史（包括家庭病史）、病历或医疗测试结果等资料做出，其概念已经被推广用于生活与社会中各种问题及其原因的判断。

医疗诊断是从病患的发病征兆、发病迹象以及经过各种必要的医疗检查得出的结论来确定一位病患所患之症的过程。医学诊断为医生做出最终的判定及解决方法提供了十分重要的依据。

一般情况下，教学诊断是诊断者依据一定的标准对实际的教学过程进行的比较和评判活动。[①]

笔者认为，课堂教学诊断是指诊断者依据一定的标准，凭借一定的工具和手段，采取适当的方法，对课堂教学中的施教过程、学习过程、师生互动等的部分内容或全部内容，进行比较和判断，旨在发现教与学的成效及存在的问题，并对其中的原因进行分析，进而提出改进策略的活动。

课堂教学诊断作为移植医学用语而产生的新名词，其内涵不仅仅停留在"诊断"的功能上（即诊断出课堂教学中存在的问题，进行归因分析），而且体现在客观分析课堂教学中取得的成效及其产生的缘由。

值得一提的是，课堂教学诊断仍可沿用中医诊断所用的望、闻、问、切。望，即看师生在教学全过程中的活动、表现、情感、态度；闻，即倾听师生在教学活动中交流发言由此反映出的思维状况；问，即了解教师的执教意图与学生的内心感受；切，即采取一定的手段对课堂教学过程进行深入的分析，如对课堂片段进行"慢镜头"分析，对课堂教学中的问题进行归类统计分析等，进而"号中课堂的脉络"，即全面客观地把握课堂实际状况（包括教的生态、学习生态、师生互动状态等）。

三、课堂教学评价的基本概念

美国学者格朗兰德（N. E. Gronlund）认为，评价是为了确定学生达到教学目标的程度，收集、分析和解释信息的（课堂）系统过程。评价包括对学生的定量描述（测量）和定性描述（非测量）两个方面。一个完整的评价计划包含测量和非测量两种方法，用公式表示为：

评价＝测量（定量描述）＋非测量（定性描述）＋价值判断[②]。

课堂教学评价作为一种特殊的评价，其评价对象是"课堂中的教与学"，

① 王增祥. 教学诊断 [M]. 北京：华文出版社. 1995：19, 23.
② ［美］N E 格朗兰德，郑军，郭玉英，等. 教学测量与评价 [M]. 石家庄：河北教育出版社，1991：294—295.

既包括教师的施教，也包括学生的学习，还包括教与学之间的必然关联。

进一步说，课堂教学评价是对课堂教学效果以及对构成课堂教学过程各要素（包括教师、学生、教学内容、教学方法和教学环境等）之间的相互作用进行分析、评判的过程。

四、课堂教学观察、诊断与评价的相互关联

（一）课堂教学观察、诊断与评价是课堂教学研究的重要组成部分

课堂教学研究是指针对课堂教学的各个方面开展的研究，通过课堂教学研究可以把课堂教学中更深层次的东西揭示出来。其中，对教师最有用的就是课堂教学观察。当前，这种观察方法逐渐发展成为一种专业的观察和分析方法，也是一种常用的质性评价方法。

（二）与传统的观课、评课相比，课堂教学观察、诊断与评价具有丰富的含义

课堂观察强调"观课"的目的性，有别于传统听课的随意性。而课堂诊断不同于传统意义上的评课，特指依据观察角度搜集课堂信息，判断筛选有价值的信息并进行整理，根据有价值的信息对课堂教学"是否达标"及"如何达标"进行评价，提出改进建议，提炼教学经验。

"诊断"旨在促进教师教育教学能力的提升，而传统的"评价"更多地指向狭义的终结性评价。也可以这样说，"诊断"不仅仅有评定优劣的功能，更注重客观分析原因这一促进教师教学水平提升的作用，寻找教师自身因素和外部因素，帮助教师改进教学。课堂观察旨在达成全面了解课堂教学事件之目的。

现代意义下的课堂教学评价倡导全面、全程、客观地刻画课堂教学的全过程。既包括课堂教学中的形成性评价，也包括课堂教学中的终结性评价；既包括针对学生学习状况的学生学习评价，也包括针对教师的教而进行的教师评价，还包括课堂环境、师生互动等方面的评价。

（三）将课堂上升到社会学的视角进行研究，可以获得很多新的信息

课堂也是人的社会存在的一种形式。用社会学的方法研究课堂教学中的社会互动和人际关系，课堂教学中的社会行为，课堂的社会存在以及存在、行为的发展，这是课堂教学观察的基本理念，是基于课堂教育社会学提出的观点。

当我们用"课堂社会"这个新视角分析课堂教学时，就有可能发现已被视为不言自明的一些现象的新涵义。例如，过去我们常常说学生在课堂中的学习为什么不投入、老走神，而有的学生全程深度介入课堂，现在则可以说，其实学生首先是在课堂社会中亲历着生活，体验着由服从、沉默、反抗、竞争、合

作、展示、回避、成功、失败等带来的种种酸甜苦辣、喜怒哀乐，当社会中的一个人被边缘化、毫无发言权、被漠视时，"选择逃避"也是一种"合情合理"的行为。

当我们用"课堂社会"这个新视角观察学校的课堂教学时，我们也有可能发现迄今很少被视为问题的一些行为其实大有问题。例如，不少教师为了保证教学效率，在课堂上普遍习惯于较多地安排成绩好的学生回答教师的提问，除了用于警告与惩罚的目的之外，很少让成绩差的学生回答问题。对此，人们一般都不以为然。但现在看来，教师的这种做法具有"对学生的课堂参与机会分配不公"的嫌疑，甚至是"学生的两极分化得以不断产生与扩大的根源"。

换个角度看问题，的确会别有洞天。

案 例 运 用

一、课堂教学观察的典型案例[①]

Y 是一位新来的生物教师。按学校规定，新教师必须在十月份面向教研组开设"亮相课"。于是，Y 选择了浙教版高中生物必修 1 第 3 章第 2 节的"物质进出细胞的方式"作为自己的教学内容。同时，生物教研组也为此开展了一次课堂观察活动。

（一）课前会议

在课前会议中，Y 介绍了该节课的教学内容、目标、策略、环节和评价方式。

首先，Y 认为这节课的创新在于对情境教学策略、问题驱动教学策略、概念图的运用，以及通过创设情境能为学生的探究创造条件；创设问题链，能引导学生掌握概念、理解生理过程、构建数学模型，最终突破本节课的重点与难点。

其次，Y 的困惑有两点：一是他对"情境教学"和"问题驱动教学"的研究不多，对于创设的情境和问题是否有利于学生的学习，没有多大把握；二是"问题驱动教学"能否成功，教师的提问技能是关键。作为新教师，Y 觉得自己在这方面有所欠缺。经过研讨，教研组确定本次课堂观察围绕"特点"和"困惑"展开。作为 Y 的师傅，W 认为，如何提问、如何在师生互动过程中获取和处理评价信息，是 Y 亟须解决的问题，也是影响"以问题驱动教学"成

---

① 选自：崔允漷. 论指向教学改进的课堂观察 LICC 模式［J］. 教育测量与评价，2010（3）.

败的重要因素。

因此，W 决定通过观察 Y 的提问、理答、课堂即时评价情况来研究其问题驱动教学的有效性，其他教师也逐一确定了各自的观察主题。

（二）开发观察量表，记录观察结果

观察主题确定后，各位教师相继开发了观察量表。W 也以授课班级的座位表为基础设计了观察量表，其观察记录如表 1 - 1 所示：

表 1 - 1　观　察　记　录　表

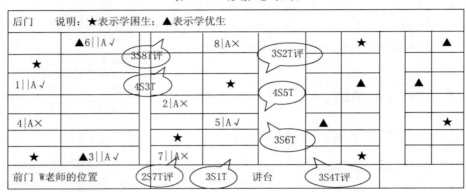

记录说明：

（1）回答行为：A 为教师点名回答，B 为学生主动回答，C 为学生主动提问，D 为学生插话。

（2）回答正误：回答正确用"√"表示，回答错误用"×"表示。

（3）问题难度：Ⅰ为了解水平的问题，Ⅱ为理解和运用水平的问题。

（4）问题编码：1～N 为问题链中的问题记录序号。

（5）理答行为："T 答"为教师直接给出答案，"T 追"为教师追问，"S 评"为学生互评。

（6）候答时间：若候答时间为 3 秒，则记为"3 s"。通过整理上述记录与部分课堂实录，W 获得如下观察结果：

① 本节课共 8 个问题，无学生主动回答，无学生主动提问，无学生插话；

② 在 8 个问题中，问题难度的比例为 4Ⅰ：4Ⅱ，回答问题的学生的层次比例为 6 中：2 优；

③ 师生问答时，近距离面－面 1 次，远距离面－面 4 次，面－背 3 次；

④ 学生回答正确后，教师没有评价（追问或赞赏等），学生回答错误时，全部由教师作出评价；

⑤ 师生互动主要集中在两个小组；

⑥ 候答时间均超过 4 秒。

（三）基于证据的推论

根据上述观察结果，W 提出了如下推论与建议：

（1）Y 应考虑"面向全体学生"。本节课的提问对象没有"学困生"，说明 Y 对"学困生"的关注不够，这样易造成学生分化的加剧。这一现象，在解答问题 6、7、8 时表现得较为明显。

（2）应提高了解学情的意识。本节课不论学生的回答是否正确，所有的理答和评价均由 Y 完成。这样的处理方式会带来两个弊端：一是不能全面深入地掌握学情。因为即使学生回答正确，也不能代表他就一定理解了这个知识点，即使"学优生"能正确解答，亦不代表"中档生"和"学困生"也掌握了相关知识。例如，问题 3 和问题 6 是为解决本节内容的难点和重点而设计的，被问的两名学生都是"学优生"，这样我们就无法判断"中档生"和"学困生"是否也能正确解答该问题。因此，W 建议 Y 通过增加生生互动和教师追问的教学方式，更为深刻而全面地掌握学情。二是学生的课堂注意力难以长久地保持集中，因为学生会形成"同学被问了，我就没事了"的潜意识。

（3）师生互动时，应保持适当的正面距离。新教师的课堂驾驭能力相对薄弱，若提问时师生的距离太远，课堂就会形成两个信息中心，这不利于学生注意力的长久保持。这一点在问题 2、4、8 的解答过程中表现得特别明显。

（4）应增加学生提出生成性问题的机会，培育自由交流的课堂文化。Y 教师在学生回答完毕后，没有留给他们提出疑问的时间，如"还有什么问题吗"一次都未出现。

（5）应增加候答时间。4 秒以内的候答时间，对一些稍有难度的问题来说，学生的思考时间是根本不够的。这对"学困生"和部分"中档生"的学习会产生较大的负面影响，降低学生的课堂参与度。

（四）本次课堂观察的结论

经过商讨，课堂观察合作对这节课形成了以下结论：

第一，以情境组织教学，以问题驱动学习，是本节课在教学设计上的一大特色。特别是创设一个一以贯之的情境，使学生始终在一个熟悉的情境中进行持续的探究，对突破本节课的重点与难点起到了较大作用。

第二，概念图的设计与运用是本节课的另一特色。情境探究更多的是发散学生的思维，而生物是一个知识点繁多、知识体系不易构建的学科，如何引领学生梳理知识脉络，将知识结构化，形成知识体系。概念图无疑是一种非常好的工具。

第三，问题驱动教学的策略成功与否，不仅取决于问题的设计，还与教师的提问技能密切相关。Y 在提问技能上有待熟练并完善，建议 Y 将此作为今后一段时间内的研究主题。

二、课堂教学诊断的典型案例：走向深刻、规范的课堂教学诊断①

（一）课堂实录

为了更好地了解初中数学教师课堂教学的实际状况，我们于 2011 年 5 月 6 日在某市 S 中学开展了"同课异构"活动，教学内容是人教版八年级下册"矩形"第一课时。

在导入新课后，教师首先请学生回忆平行四边形的研究思路及性质，而后演示平行四边形教具，引导学生得出矩形的概念。此时，教学进入了矩形性质的学习阶段，教学活动的主要环节概括如下：

第一环节：教师抛出三个问题：

（1）类比平行四边形性质，猜想矩形有哪些性质？

（2）把所得结果写在一张纸上，一会儿到讲台前交流。

（3）同时验证你的猜想。

第二环节：学生展示猜想、性质、结论。（生 1、生 2 展示猜想）

第三环节：学生验证猜想（生 3 度量法、生 4 旋转法、生 5 全等法、生 6 勾股定理法、生 7 直观判断法）

整节课似乎比较顺利，一切都在按部就班地进行，而整节课的课堂气氛沉闷。参加观课、评课的教师一片茫然。对于这种真实存在的课堂，有必要进行深入的教学问题诊断。

（二）案例诊断——用"望"诊断"教学目标不明确"的系列问题

在上述教学片段中，任课教师在矩形性质的学习阶段，第一句话就是："请大家类比平行四边形的性质，猜想矩形有哪些性质？"

这节课是在学习平行四边形之后，随后学习的"矩形"的第一节课，是典型的从一般到特殊的学习，教师采取"类比"的思维方式引导学生"猜测矩形有哪些性质"是违反逻辑的。同时，针对这种设问，学生也无所适从——随后发生的课堂现象也验证了我们的判断。这种现象并非仅仅出现在这节课中，同课异构活动的另一位教师的课堂教学也出现了类似问题，她将教学目标的第 3 条设计为"体会类比的数学思想"，并试图努力实现。从两位教师的教学意图

---

① 节引自：李中华，孔凡哲. 数学课堂教学问题诊断与改进案例 [J]. 中国教育学刊，2011 (11)：66—69.

来看，期望学生通过类比得到矩形的性质，这似乎合乎情理，其实未必。

究其原因，一方面是任课教师对教学内容的学科内涵理解不清（甚至出现科学错误）所致——矩形是由平行四边形转化而来的，具有平行四边形的一切性质（从"一般"到"特殊"）。而矩形又是特殊的平行四边形，其特殊性质并非能通过"类比"一般的平行四边形而得到，并非所有的平行四边形都具有"对角线相等，四个内角都是直角"的属性。

另一方面的原因则在于，任课教师没有真正从学生已有的经验和先前知识出发，精心设计学生的"最近发展区"——即，理想状态是，首先找到学生的已知，然后明确期望学生达到的目标，关键是第三步——帮助学生在已知与未知之间搭建一个桥梁，这里的桥梁是指从已经学习过的平行四边形出发，分析其中某些特殊的平行四边形（例如，变动平行四边形教具，当处在某一种特殊状态——内角都是直角时，研究此时的"特殊"性，就可以发现矩形的特殊属性）。

更深层次的原因在于，任课教师尚未"读懂"教学内容背后的学科内涵，尚未"读懂"学生，尚未"读懂"教科书，从而不能准确地驾驭课堂。

在案例中，两位教师的教学思路都是"类比平行四边形获得矩形的有关性质"。如此，既违反了逻辑顺序（学生根本无法合理地猜想，只能"瞎猜"），又使学生失去了对探索活动的亲身感受，此时的教学对于目标的达成显得苍白无力。

在这里，我们主要采取了"望"（即观察）的方法，而提高观察效果的有效策略在于，"边看边想，边问边对照"，观察的诀窍在于"通过现象看本质"——课堂观察的焦点应是教师实际的理解和把握、学生的实际状态、师生关系以及目标达成的过程与实效。

（三）案例改进

前文的案例"课堂沉闷"现象特别鲜明，仅仅重视知识教学成为这类课的显著特征。其实，重视知识教学没什么不好。问题在于，教育不仅承载着传递已有知识的功能，更需要承担起教给学生智慧、让其学会做人、学会生存、学会发展的重任。对教师来说更是如此。"一般的教师教知识，优秀的教师教过程，卓越的教师启迪智慧。"[①]

解决"课堂沉闷"现象，必须体现浓厚的学科韵味及深刻的学科内涵，在

① 孔凡哲，崔英梅. 课堂教学新方式及其课堂处理技巧：基本方法与典型案例 [M]. 福州：福建教育出版社，2011：序言.

针对"双基"获得理解性掌握的同时，让学生经历一次学科思维的熏陶、观念的提升和方法的习得。

让学生经历"探索的过程、思考的过程"，其根本目的在于让每一名学生都经历学科思考的过程，逐步学会"带一副数学的眼镜"思考问题，逐步建构真正的学科理解，最终形成良好的学科直观和学科能力。

为此，在不改变这节课先前环节的前提下，可以将"矩形的性质探究"环节作如下改进：（此前，已经明确给出了矩形的定义：有一个内角是直角的平行四边形叫做矩形）

（1）教师出示问题：有经验的木工师傅在采取传统的手工方法制作门框时，通常先分别制作两组等长的木条（每组两根），而后将凿好木槽（即衔接槽，俗称的"木眼"）的四根木条拼成四边形。此时的四边形一定是平行四边形，为什么？

（2）我们可以按照同样的道理制作（两组对边分别相等）一个四边形活动框架（它一定是平行四边形）。在这个四边形的活动框架上，用橡皮筋拉出两条对角线。改变平行四边形框架的形状，两条对角线的长度有怎样的变化？我们可以在四边形的某个内角处放一个量角器（量角器的中心重合于这个内角的顶点，零刻度线重合于一条边）。随着对角线长度的变化，观察这个内角的度数发生什么变化。通过两条橡皮筋的松紧程度，学生可以清楚地判断两条对角线的长短关系。当一条橡皮筋紧、另一条橡皮筋松时，此时的那个内角为锐角或钝角；当两条橡皮筋的松紧程度相同（即两条对角线相等）时，内角为直角；反之，当内角为直角时，两条对角线相等。这一步其实是实物直观层面的（数学）抽象，关键在于，借助两根相同的橡皮筋帮助学生发现"（矩形）对角线相等"的图形性质，而这个属性是矩形区别于一般的平行四边形的关键属性，也是教学的重心所在。

（3）在上面的"矩形由平行四边形转化而来的过程"中，我们发现了不变的规律——两条对角线相等（而且，只有当平行四边形的对角线相等时，四个内角才能是直角）。是不是所有矩形都具有这个规律呢？我们如何验证？对此，可以借助几何画板，制作一个矩形课件，在矩形动态变化的状态下（即让矩形的四条边任意变动，而保持四个内角都是直角），分别度量出相应的两条对角线的长（即拖动矩形角上的一点，以改变矩形四条边的大小），可以发现，无论在任何情况下，两条对角线的长度始终保持相等。这个探究活动完全可以由学生独立完成。

（4）对于生 3"度量"法，可以改为探究的方法以面向全体学生；对于学有余力的学生，也鼓励采用折纸的方法进行探究。同时，引导全班同学利用生4"旋转"法进行探究。即，给每一名学生准备两个完全一样的矩形，分别连接两条对角线，然后把这两个矩形重合，接着沿对角线交点旋转上面的矩形，当上面一个角的顶点与下面一个角的顶点重合后，发现两条对角线重合，这就说明两条对角线相等。（如此，学生通过亲自动手实验、探究观察，积累了操作的经验和探究的经验，同时经历了从直观发现到推理的过程，既有效发展了学生的几何直观，又训练了学生的推理能力）

（5）利用折纸的方法进一步探索"矩形是轴对称图形，并且有两条对称轴"的相关性质。准备一张标准的 A4 纸（它的边缘构成一个矩形）。将这张 A4 纸沿一条对称轴对折，接着再沿另一条对称轴对折，形成一个小的矩形，最后沿小的矩形的对角线对折（其中，对角线的一个顶点是两条对称轴的交点）。展开后，可以发现，A4 的矩形纸被分成了四个完全可以重合的小矩形，而且 A4 纸的两条对角线分别等于小矩形一条对角线的 2 倍。从而，A4 纸的两条对角线相等。（由此也可以发现，这个结果符合轴对称图形的性质）

互 动 对 话 如何看待课堂教学中的观察、诊断？

一、关于课堂观察

对于课堂教学观察，你是如何思考的（你有何思考）？如下几个问题有助于你进一步深入思考。

（1）在你日常的教学研究中，是否出现了"课堂观察"的迹象、片段？举例说明。

（2）课堂观察比较适合研究课堂情境，你是如何理解的？

（3）你觉得，经常开展课堂观察能促进教师的专业发展吗？

（4）课堂观察能为教育决策与教育评价提供客观依据吗？

二、关于课堂诊断

（1）你是否注意到，其实课堂教学诊断几乎经常出现在优秀教师的课堂教学过程中。你能举出优秀教师课堂教学中的"临场"课堂诊断的事例吗？

（2）与传统的观课相比，课堂诊断更关注什么内容？其诊断、改进的功能是如何发挥的？

（3）有人说，课堂教学诊断是"有意的课堂观察"，你认为有道理吗？

（4）开展课堂教学诊断，通常选择学生的课堂参与为突破口，对此，你是怎么看的？

思 考 与 活 动 在教学中是否已有不自觉的课堂观察与诊断？

问题 1：有学者给出课堂观察的一个维度——学生学习，请分析其中的利弊得失。

表 1－2 课堂观察量表——学生学习的维度

时间_____ 讲课人_____ 评课人_____ 课题_____

视角	观察点	结果统计	评价反思
准备	① 学生课前准备了什么？是怎样准备的？		
	② 准备得怎么样？有多少学生作了准备？		
	③ 学优生、学困生的准备习惯怎么样？		
倾听	① 有多少学生能倾听教师讲课？对哪些问题感兴趣？		
	② 有多少学生能倾听同学的发言？对哪些问题感兴趣？		
	③ 倾听时，学生有哪些辅助行为（记笔记、查阅、回应）？有多少人？		
互动	① 有哪些互动行为？学生的互动能为目标达成提供帮助吗？		
	② 参与提问、回答的人数、时间、对象、过程、质量分析如何？		
	③ 参与小组讨论的人数、时间、对象、过程、质量分析如何？		
	④ 参与课堂活动（个人、小组）的人数、时间、对象、过程、质量如何？		
	⑤ 学生的互动习惯怎么样？出现了怎样的情感行为？		

视角	观察点	结果统计	评价反思
自主	① 学生可以自主学习的时间有多少？有多少人参与？学困生的参与情况怎样？		
	② 学生的自主学习形式（探究、记笔记、阅读、思考）有哪些？各有多少人？		
	③ 学生的自主学习有序吗？学生有无自主探究活动？学优生、学困生的情况怎样？		
	④ 学生自主学习的质量如何？		
达成	① 学生清楚这节课的学习目标？		
	② 预设的目标达成有什么证据吗（观点、作业、表情、检测、成果展示）？有多少人达成？		
	③ 这堂课生成了什么目标？效果如何？		

拓 展 延 伸　相关文献的阅读摘要

论著：《课堂观察指导》

作者： 陈　瑶

出版社： 教育科学出版社

出版日期： 2002 年

简介： 这是国内第一本系统介绍课堂观察研究的作品。该书借鉴国内外研究成果，从定量和定性两个维度对课堂观察方法进行探讨，并结合大量的研究实例加以说明。本书特别注意了实用性、操作性，意在让更多的中小学教师能够自学并娴熟地应用课堂观察方法，参与到课堂研究中来。主要内容包括：导论（什么是课堂观察，为什么要进行课堂观察，谁来进行课堂观察），定量课堂观察，定性课堂观察，教师从事课堂观察研究，课堂观察研究举例。

第二章 课堂观察与诊断的作用与价值①

【学习要求】

1. 理解课堂观察、课堂教学诊断的作用与价值的具体体现。
2. 了解课堂观察、课堂教学诊断体现的新理念。
3. 通过案例的学习和思考，体验课堂观察与诊断的重要性。

提 出 问 题 课堂观察、诊断的作用和价值是什么？

建构优质高效课堂，提高课堂教学的有效性，必须加强课堂观察与诊断，教师必须掌握课堂观察与诊断的方法和技术。

课堂观察与诊断究竟有什么价值和作用呢？有哪些理论依据？在具体的课堂改进中如何体现？怎样更好地利用课堂观察与诊断促进教学质量的提升？这些是摆在教师面前的重要问题。

课堂观察与诊断无论是对教育教学质量的改善，还是对教师自身教学能力的提高都有很大的价值。为了更好地使用课堂观察与诊断，我们必须了解课堂观察与诊断的思想构建，了解相关的指导理论和教育理念。

理 论 阐 释

一、课堂观察的作用与价值

"观"是看、了解，"察"是分析、思考，科学的观察就是按预定计划、明确选择观察范围、条件和方法，有目的地观察处于自然条件下研究对象的语

① 本章由梁红梅、栾慧敏执笔完成初稿。

言、行为等外部表现，搜集事实材料、分析研究、获得深入认识。

作为科学观察的一种重要形式，课堂观察是观察者根据一定的目的、内容提纲或观察表，用自己的感官和辅助工具直接或间接地观察课堂，从而获得资料并进行分析的一种方法。

课堂观察的主要目的在于准确把握课堂教学信息，进而为洞察课堂教学状态、改进教学、提高课堂教学质量提供依据。课堂观察是观察法在课堂教学研究与改进中的具体应用，具有目的性、计划性、系统性和可重复性等特点。由于人的感觉器官具有一定的局限性，观察者往往要借助各种现代化的仪器和手段，如照相机、录音机、摄像机等来辅助观察。

课堂观察具有十分重要的作用和价值，不仅有助于教师改进教学，提升教师的专业化水平，同时为教育决策和教育评价提供了较为客观的依据。

（一）课堂观察有助于教师提升专业化水平

1. 有助于教师调控课堂，更好地开展教学活动

课堂观察的重要目的之一在于分析师生的课堂教学行为，进而调控课堂，提升教师的课堂教学能力，使课堂能够以更加合理的方式展开。

教育发生的重要场所——课堂情境是一种较为自然的情境，课堂教学几乎每天都在进行，它必须按照学校的制度运作，对课堂的任何研究都不能干预日常预定的日程及进度。

从这个意义上讲，课堂观察这种研究形式与课堂情境是比较吻合的。[①] 可以看出，课堂观察与教师日常教学活动紧密结合在一起，在开展课堂观察的同时，逐渐洞察课堂的真实状况，更全面地获取课堂教学的真实信息，记录问题的内容与类型，进而在不断地总结中逐渐提出具有建设性的课堂教学问题的解决方案并进行实践。观察的过程，不仅仅是积累教学经验的过程，也为解决课堂教学问题提供了一个良好的环境。凭借课堂观察，教师能更准确地把握课堂，对其中的问题能够有所侧重，并能积极寻找解决问题的恰当方式。同时，教师可以充分调动学生学习的积极性，充分考虑学生的学习需求，为科学合理地化解课堂教学问题提供更加合理的思路和策略。

合理运用课堂观察方法已经成为提升教师教学能力的重要方式之一。有效运用课堂观察使教师在一定程度上摆脱因备课等准备不足而造成的课堂教学困境，有助于教师提升自身的教学能力，积累教学经验，促进课堂质量的提升。

2. 有助于教师开展课堂教学研究，更好地提升专业化水平

教师工作的主阵地是课堂，教师的教学研究离不开课堂教学这个"主角"。

---

① 陈瑶. 课堂观察方法之研究 [D]. 上海：华东师范大学，2000：4—5.

首先，在研究课堂方面，课堂观察具有其他研究方法无法比拟的优势。正如国外学者指出的"课堂教学变化迅速，多个事件易同时发生，也容易被随时中断"，正是由于课堂教学的这些特殊性，决定了课堂教学研究比较适宜即时性、直接性凸显的课堂观察。

其次，课堂是学校教育教学的基本单位，是研究教与学的最适当场所。课堂观察是课堂研究最常见的方法，也是收集原始资料最便捷的方法。但在平时，教师的课堂注意力大多集中在学生以及学科内容的传授上，很少对教师自己的课堂教学行为有自觉意识，更不容易关注自己的课堂教育教学行为是否有效。而教师从事课堂研究具有得天独厚的条件，通过对自己和同事的课堂教学进行细致、深入的课堂观察，不仅可以迅速提升教师的课堂行为意识与教学责任心，提高专业判断力，而且可以通过观察制定改进教学、提高教学质量的针对性策略，使学生得到发展的同时，也促进自己的专业提升。

3. 能够激发教师的主体意识，提升综合素质

在课堂观察过程中，由于采取了不同于日常教学的观察视角，教师对班级的细心观察，能够促使教师对班级有更为深刻的了解，这为应对教学中出现的种种问题提供了更为丰富的素材与案例，帮助教师积淀教学管理、班级管理的经验，有助于进一步强化教师的课堂主体意识和责任感。通过及时的观察、反馈，教师更加积极地改变对学生的态度及行为，教师除了观察自己班级的学生行为及教室内的互动情况外，还要观察其他教师的教学。课堂观察对于教师的专业学习能发挥极为重要的功能，包括反省教学行为，形成新的想法，再确认或修正既有教学方法的动机等。[1]

（二）课堂观察有助于提升教学改革和教学评价的水平

基础教育课程改革的共识"课程改革在课堂、在教师、在学科"。科学的教学改革应当基于科学研究之上，某项措施是否可行，某种教育方法是否应当加以推广，或课程开发有无成效等问题，无一不需要通过教学科研（特别是实验研究）加以解决，在研究过程中，需要课堂观察为其收集最为及时、客观而直接的反馈信息，检查某项教育措施和改革在课堂实践中体现的效果，以便随时修正教育决策研究的方向，使教育决策更为科学，而教育决策是否真正科学也同样可以通过课堂观察提供的客观依据来进行评价。任何学校的教育教学改革都无法回避课堂。

课堂观察能为教学改革决策与评价提供客观依据。对教育决策的评价落实

---

[1] 马云鹏，刘学智. 发展性学生评价的理论与方法 [M]. 长春：东北师范大学出版社，2007：98.

到课堂中，包括对教师教的评价和对学生学的评价，要提高评价的客观性和准确性须借助于课堂观察。[①]

到课堂中，包括对教师教的评价和对学生学的评价，要提高评价的客观性和准确性须借助于课堂观察。[①]

二、课堂教学诊断的作用与价值

课堂观察与课堂诊断虽然均有自身完整的规格与体系，但在教学研究中，两者不是两个相互孤立的课堂教学研究行为，而是相互补充、密切关联的。课堂观察在于收集课堂信息与问题，通过课堂诊断将收集的信息加以合理辨析，分析课堂中出现何种问题及其原因，进而解决课堂问题。两者研究的共同结果在于指导课堂教学实践。

实施课堂教学诊断，不能仅停留于对自己（或他人）课堂问题的发现、把握和纠正，也需要特别关注教师的教学特色。教师成长的过程，也是对他人或自己成功教学经验及特色不断发掘、汲取和积累的过程，是一个走向成功的过程。在教师之间开展课堂教学诊断，有助于发掘教师教学优点，弘扬教师教学特色，这对教师课堂教学信心的增强及教学优势的发挥，进而对教师个体或群体的成长与发展，必然会起到积极的推动和促进作用。[②]

（一）有助于教师提高教学水平，促进教师的专业成长

如同中医的临床诊断，主要目的在于发现问题的症结，以便对症下药。通过课堂诊断，教师会逐渐地对课堂教学情况有更深刻的认识，有助于清醒地把握课堂教学过程中的不足与缺陷，有助于提炼自己的教学特色。通过教师对问题的诊断，逐渐强化教学反思能力。在课堂教学诊断的初级阶段，诊断者针对教师的课堂实际，给出清晰的诊断说明，教师及时地反思、调整，不仅有助于改善课堂教学质量，而且有助于加速教师专业化的进程。而在课堂教学诊断成熟阶段，教师业已形成课堂教学的自我诊断能力，仅仅需要评价一定的外部条件便可以自主地进行判断和调整。

课堂教学诊断是教师课堂研究的重要研究方法之一。通过对课堂的"把脉"，逐渐激活教师的课堂意识与研究意识，营造研究课堂、关注优质高效课堂的良性氛围。这种问题与科研意识的养成，有助于教师从小课堂中发现大的教育问题，提升整体教育科研质量。

（二）有助于提升课堂教学水平，促进师生共同成长

教师的发展与课堂教学是密不可分的。教师开展课堂教学诊断，对教师自身有着非常重要的作用。教师诊断课堂的出发点在于改进课堂的同时提升自身

---

① 陈瑶. 课堂观察方法之研究 [D]. 上海：华东师范大学，2000.
② 代天真，李如密. 课堂教学诊断：价值、内容及策略 [J]. 全球教育展望，2010 (4).

的业务能力。

教师开展课堂教学诊断，就是要不断地问自己：这堂课上得怎么样？最大的成功是什么？预期目标是否完成？哪些方面没有完成？学生收获如何？等等，以发现课堂教学中的亮点及存在的问题。

教师对课堂问题及课堂表现的认识与理解，有助于教师更好地调控课堂节奏，展现自身优势，及时改正课堂教学中的不足，提升课堂教学的质量。开展课堂教学诊断有助于课堂整体水平的提高，逐渐提升学生的学习能力与兴趣，这在一定程度上是为了促进学生在课堂上更好地获得新知、建构理解，更有利于学生自身能力的提升与发展。开展课堂诊断对师生而言是"双赢"的。

（三）有利于实现教学的高品质

现代教育理念下的课堂教学应该是高品位、高品质的教学，而高品位、高品质的课堂教学离不开教育科研，课堂诊断是课堂研究最直接、最有效、最快捷的研究方式和手段之一。[①]

课堂诊断是在课堂观察的基础上展开的，是课堂观察的后继研究。这种课堂研究方式简单易行，不需要特别多的辅助工具及特别多的额外时间来开展，很多时候与课堂教学时间是一致的。它需要教师拥有较强的观察力，对课堂问题多一些关注，根据课堂情境多些反思。这种关注和反思必须针对有价值的问题开展，这就需要教师对课堂观察得出的问题具有清晰的辨别能力。

（四）实现学校内涵式发展的重要途径

学校的办学质量最终体现在学生的发展上，学生的发展主要受课堂教学水平的影响。学校整体办学水平的提升，主要依靠学校的内涵式发展。学校内涵式发展的实现，关键是学校要形成促使学校教学水平良性发展的机制。学校开展教学研究，最根本的途径是校本研究，校本研究的主渠道在于"听课、评课"等日常活动。单纯意义上的听课与评课存在诸多的不足与弊端，如存在"表面化、任务式、从众性及缄默性"[②]等特点。这些弊端与不足出现的根本原因就是听课、评课没有真正转化为教学研究，真正意义上的校本研究在于通过听课与评课的方式进行课堂诊断，通过课堂诊断达到真正意义上的探寻和操作方面的建构。

课堂教学诊断有助于课堂教学质量的提升，有助于教师在教学与科研领域找到合二为一的有效方法，更重要的是在开展课堂教学诊断的过程中，学校通过教师的科研工作逐渐发现存在的诸多教学问题，这些问题基于学校当前的教

① 瞿德良. 课堂诊断：实现教学的高品质 [J]. 江苏教育研究，2009（5）.

② 张伟. 课堂诊断：走向校本的教育科研变革 [J]. 当代教育科学，2009（8）.

育实际，更有针对性，更富有科研的校本价值。作为校本研究的重要范式，课堂诊断的作用在于对教学经验与特色的提炼，在于发现与纠正教学过程中出现的偏差，在于真正解决实际的教育教学问题。

课堂教学诊断是基于课堂教学的基础上展开的，而不需要课堂之外的某种特殊的实践与空间。从这个角度来讲，课堂教学诊断更富有普遍性，更容易开展教育研究。由于课堂教学诊断是对课堂教学过程中出现的一系列问题开展的教学反思与观察，这种方法更有利于开展课堂教学管理，将课堂管理与课堂教学研究结合起来，有助于提升教师把握课堂的实际本领。

三、课堂观察与诊断应体现的现代教育理念

开展课堂观察与诊断，是现代教师业务素养的重要组成部分。不同的教育理念，造就不同的课堂研究思路和研究方法，而旨在促进学生终生可持续发展的课堂观察与诊断，更需要体现与时代相符的观念。

（一）聚焦学生的学习，关注学生的可持续发展

课堂观察与诊断的最终目的是建构优质高效课堂，促进学生的可持续发展。这就要求教师在进行观察与诊断时，把着眼点从教师的教转向学生的学，聚焦学生的学习方式，关注教师引导下的学生究竟如何展开学习才是最优的，同伴之间的关系如何才能更有助于每一名学生的健全发展，课程标准所要求的目标是否很好地体现在学生的发展上，教师所采用的教学方式、进度等是否满足了学生的需求，课堂中的学习是否真的发生了，等等。课堂观察与诊断的整个过程以学生的学习为中心，突出学生的主体地位，使教师"教得有效"最终体现在学生"学得有效"上。

（二）强调"增值"和动态性

课堂是师生生活和成长的地方，也是学校教育质量的主阵地。课堂观察与诊断所追求的是在掌握事实信息的基础上分析课堂教学中的实际问题，包括教师教学和学生学习的问题，然后诊断问题产生的原因，进而提出让学生学得更好及教师教得更好的有效策略。因此，强调的是在原有基础上的不断进步，发现问题、诊断问题、解决问题，然后再进行更深层次的课堂改革。从总体上说，课堂观察与诊断只有起点，没有终点，是一个螺旋上升的过程。在这个周期性的过程中，教师业务水平不断提高，学生不断进步，课堂逐步实现优质高效。

（三）突出情境性，主体多元化

课堂观察与诊断是在自然情境下，观察者在对课堂真实情境把握的基础上诊断问题所在，是一种临床指导。每个问题都有其具体课堂情景的描述，包括

教师、学生以及课堂环境等方面。同时，课堂观察与诊断的主体从单一的学校领导、教研员等转向教师本人、同事、专家、领导、学生等多主体共同参与的交互活动。其中，非常重要的是要促进教师本人的自我反思，主动、客观地分析自己的工作与学习，改进不足，进一步完善自我。不同的主体可以从不同的立场和视角来观察、诊断课堂，从而为课堂改进提供丰富、真实的信息。

（四）促进教师的专业成长

课堂观察与诊断不同于听评课，不是简单地给教师分等或赋分，而是要沿着促进教师专业成长的方向进行，重点不在于甄别教师的课堂教学结果，而是诊断教师课堂教学的问题，进而制订教师个人和团队发展目标，满足教师个人及团队的成长需要，突出其发展性价值。所以，观察与诊断是在关注学生学的基础上分析和思考教师教的过程和问题，发现教师在教学过程各个环节上的优势与不足，提出有针对性的改进建议，从而帮助教师在反思中不断成长。教师通过课堂观察，不仅能提高课堂教学成果，更能通过积极地诊断教学问题成为科研能手，为自己教学中出现的问题提出科学的解决办法。在这个过程中，教师逐渐积淀自己的实践智慧，提升自己的专业水平。

案 例 运 用

仔细阅读下面的案例，思考课堂观察与诊断的作用和价值在案例中是如何体现的？当你面临这些问题时你会如何应对？

一、教师课堂提问案例诊断：关于除法的认识[①]

（一）课堂情景呈现

课一开始，教师就出示：把 8 个苹果分成 2 份，怎么分？要求学生用准备好的圆纸片当苹果进行操作。

生 1：一份是 1 个，另一份是 7 个。

生 2：一份是 2 个，另一份是 6 个。

生 3：两份都是 4 个。

师：还有吗？

生 4：一份是半个，另一份是 7 个半。（大大出乎教师的意料，此时有些学生已经在笑了。）

---

① 本例节选自：吴春丽. 尊重学生的主体性与个体差异 [J]. 小学数学教师，2004（5）.

生 4 欲作解释，却被教师抢先问了学生：这样分对吗？（教师是否应该给学生说出理由的机会呢？）

很多学生笑着答道：不对！

教师并没有意识到生 4 的回答是否正确，看到学生整齐地回答，也没有作出评价，继续开始教学……（这个时候，教师怎么做才是恰当的呢？）

课后出于好奇，与生 4 作了交谈，发现生 4 平时在家里，妈妈怕他吃不了一个苹果，都是让他和妹妹平分一个吃的。（学生所以这么分，是有理由的。）

（二）课堂问题诊断

这是非常普通的小学二年级的一节数学课的一个片段，这样的情景可能会经常出现在课堂上，但若亲临其境在课堂上面对这样的问题，无论是以教师还是学生，一定会激起你的反思。

对于二年级的小学生来说，将苹果分成两份，分成半个和七个半，这种分法的确与众不同，但与众不同的分法并没有错，只是与教师预想的分法有很大的出入。这位教师在处理这个问题上，并没有抓住课堂问题出现的关键所在，而是以一种权威的姿态对其认为不合理的看法加以否定，并引导学生转移思维。这种做法明显欠考虑，当这位教师继续讲授"分数的初步认识"时，他该如何分苹果，如何对生 4 这类同学给出合理的解释呢？

我们在阅读案例时，可以看出教师在备课并不充足的前提下，对课堂教学的突发问题没有良好的控制能力以及驾驭能力，教师没有体现出对学生个体经验的尊重，由于没有形成良好的驾驭课堂的能力，教师没有给学生充分解释的机会，只是关注学生的年龄特征，而忽视了学生的个体差异。另外，教师不能很好地对学生进行评价和反馈，课堂即时性评价能力也亟须提高。

在开展课堂教学的过程中，教师的重要作用不仅体现在将课堂知识清晰明确地传授给学生，教师应该主动发现问题，探索问题出现的原因，还应该关注学生的个性成长，以及情感态度价值观，让每一名学生都深入课堂，都能在课堂中体验到自身的价值。

（三）课堂改进建议

第一，提高教师课堂自我观察与诊断能力。教师在课堂观察与诊断的过程中应该注意如下几点：首先，要有正确的心态。在开展教学观察的过程中，不应该将其视同上课讲授知识一样作为一种被动的事情，而是积极主动地迎接问题。其次，教师应该在课堂教学中多注意细节问题与现象。课堂教学成败与否，课堂教学的改进与提升在很大程度上是由课堂教学中的细节问题的解决决定的，善于抓住细节，是提升自我教学能力的重要举措。再次，对课堂环境要有敏感性，要能做出妥善的处理。教师要具有眼观六路的能力，感受到学生的变化和现场的情境，并做出机智的处理。

第二，课堂教学中要设定多维的教学目标，为课堂教学诊断提供依据。在制定相应的教学目标时，尽量做到分层制定教学目标，让教学目标个性化。要以教材为凭据，以学生的个体差异为出发点，确定出"最近发展区"，制定出不同层次的教学目标。教师在课堂教学中设定多维的教学目标，不仅是将知识的传授作为唯一的要求，从一定程度上对教师的课堂能力的要求也在逐渐提升，这也为教师的课堂诊断提供了真正切合实际的诊断依据。学生不是学习的机器，而是一个成长中的独立个体，在课堂中学生的表现不可能达到完全相同，也不可能各个课堂环节都表现得一致完美，所以多元的教学目标为教育诊断提供了良好的依据，多元的诊断又为课堂教学评价提供了良好支撑。

第三，教师要做好课堂上的即时性评价。即时性评价是教师课堂教学必备的基本功之一。课堂教学即时性评价是指在教学过程中，教师对评价对象的具体表现所做的即时的表扬或批评，给予学生回答的问题以恰当的反馈。教师对学生学习的正确评价可以扬起孩子自信的风帆，促进孩子一生的发展；而不恰当的评价，哪怕是教师不经意的漠然处之，都有可能挫伤孩子的自信，影响其一生的发展。因此，课堂上，教师必须采取正确有效的评价方式，保护孩子的自信，维护孩子的自尊，激发儿童的学习愿望。课堂即时性评价以激励性评价为主，就是要对学生点滴的进步、创新的火花、独特的想法等给予适时、适度的激励性评价。课堂评价重在激励，更在引领。面对一个个不同特点的孩子，面对每一个孩子在成长中每一天的新变化，我们的评价不能是一个标准、一种形式，而要具体化、准确化。教师适时适度的激励性评价，既要让孩子看到自己的长处与不足，又能引导孩子积极、主动地参与到学习活动中去。

二、学生眼中的课堂案例：难忘的一课[①]

今天是 12 月 19 日。上午第一节课是难受的一课。

（一）学生记录的课堂

刚要上课，下了几天绵绵细雨的天空突然飘起了雪花，而且越来越大。同学们惊呼起来，扑向教师的窗台边，叽叽喳喳。对南方孩子来说，这种情景太难得一见了。

数学王（女教师）准时步入讲台，木然地说："上课了。"大家没有理会。一向冷峻的她又提高了嗓门，大家似乎都打了个寒战，悻悻地回到座位。

---

① 本例节选自：陈旭远，贺成立. 有效备课：备课问题诊断与解决［M］. 长春：东北师范大学出版社，2008：83—86.

"今天我们复习一下'同类项的合并'……"她开始了一贯的絮絮叨叨地讲课。

"还是在我六岁那年看过下雪，一晃七年了……"我瞥着窗外纷纷扬扬的雪花，不禁回想，那时爸爸带着我到雪中嬉戏，多有意思啊！我想大家的感受也该和我一样吧，肯定想奔向雪花飘飞的窗外。"要是老师让我们到操场跳一跳，闹一闹，该多好！"

"干什么！"数学王那冷若冰霜的脸似乎在充血，嗓音略带沙哑。"坐直，不准看窗外！……我们继续看，合并同类项的几种特殊情况……"啪！她拍桌子了："今天你们是反了！有什么好看的！究竟是学习知识重要，还是看那些没用的东西重要！都快期末了……你们……班长去把窗帘通通拉上！"她心安理得地没完没了地念叨着，谁知道她讲些什么，我的心绪烦极了，脑海里总驱不去童年在雪景中玩闹的场景。突然，我听到孩子们在雪中跳闹，他们多幸福啊！

鬼才想听这样的数学课！日复一日地讲，没有一点趣味儿。今天让我更加反感数学了。要是数学王"开恩"，让我们下去玩一节课，不，哪怕十分钟，我们会把这个时间补回来的，而且会学得更好。现在，我偏不听你讲，让我们飞到雪花飞舞的天空吧！

……啊，终于讲完了。"快打开窗帘！""快到操场去！"好多人在喊。啊！——哎！就只下了一个小时。我们和美丽的雪景失之交臂，永久的遗憾！

数学王，我恨你！

（二）课堂分析

这篇案例是从学生的角度来看数学、教师及数学课，在这位学生的眼中，数学教师所讲授的这节数学课是失败的，至少在课堂中有很多学生不理解教师，同时也没有认真听好这节数学课。学生不但没有很好地接受课堂知识，反而对数学课、数学教师产生抵触反感的情绪。为什么会产生这样的结果呢？作为教师，应该完全按照事先规定好的安排上课吗？如果课堂中出现偶然事件，或者大多数学生的兴趣发生改变而不在课堂上该怎么办？教师授课的目的是什么？教师授课是否应该考虑和满足学生需求，根据意外情况作出适当适时的调整呢？

案例中，在这位教师的心目中，学生就是来接受知识的，就要按照教师的安排听讲，课堂之外发生的事情与学生无关，自己的职责就是讲好知识，而且是讲好本学科的知识。这位教师对教学过程的设计和理解就是执行教案的程序，在具体的课堂教学中，完全按照教案安排的教学进度进行教学，绝不能越雷池半步。教学过程设计模式化、形式化可见一斑，学生此刻的需求和心情被完全忽略。

（三）课堂诊断与建议

从课堂观察与诊断的角度看，教师对课堂教学的驾驭能力较低，对课堂问题的解决能力较低，没有积极搜集课堂教学中出现的各种信息，更谈不上恰当运用突然发生的事件生成教学中的亮点，缺乏教学艺术。教师的思想不够开放，仅仅关注自身所讲授的科目及短期的教学目标。另外，忽视学生的需要和兴趣，人文性缺失。这样的教师在学生的眼里严厉而刻板，没有方法吸引学生的注意力，而在教学过程中，一味的灌输并不利于学生对知识的把握，更不利于学生价值观等隐性能力的培养。真正良好的教师能够走进学生的内心世界，能够与学生"打成一片"，能够努力地探寻真正符合教学规律的课堂教学之路。

在课堂教学中，教师应该拥有深入观察课堂教学中出现的细微问题的能力，这些问题看似很小，或者微不足道，但是在实际的教学过程中正是这些看似微不足道的地方影响着课堂教学良好前行的"绊脚石"。正如在这节数学课中，突然下雪就是课堂教学中与教学上课似乎并不是特别相关的因素，就是这不相关的因素影响着课堂教学的开展与良好的教学效果。教师不能因为教学而教学，教学的过程中应该注意学生的思绪所在，应该及时调整教学策略，让学生感受着教师对于自身的人文关怀。

从备课的形式与内容看，教师的备课应该不拘一格，应该开放思想，备课的内容不应该过于集中，过于细致。在开展教学的过程中只要教学目标明确，教学形式要尽量让学生们感到自身存在的价值，让学生的主观情绪能够表达出来。让学生在自主的环境中学习知识，让教师不再认为对学生教学就是控制，而是共同促进、共同成长的过程。切记学生不是学习的机器，教师更不是教书的机器。让我们回到案例中，思考这样一个问题：数学教师就只教授学生数学吗？答案当然是否定的，数学教师可以充分利用雪景这一南方难得一见的课程资源，激励学生，教师将雪景与学生的思维能力与世界观念良好地结合，有助于学生生命体验的丰富及精神世界的拓展和丰润。

三、教师自我课堂观察与诊断案例[①]

Y老师执教了人教版高中历史必修二第五单元的《经济建设的发展和曲折》一课，主要介绍新中国成立后的经济建设情况，其中介绍了全面建设社会主义时期涌现出的几位劳模。当讲到雷锋这位劳模时，有这样一个教学片段。

[①] 本案例节选自：徐育. 生成，在科学预设与教学智慧发挥之中 [J]. 中学历史教学研究，2008（Z1）：54—55.

（一）课堂情境呈现

Y：全面建设社会主义时期涌现出雷锋等模范人物。雷锋身上有哪些精神值得我们学习呢？

学生 1：全心全意为人民服务的奉献精神。

学生 2：勤俭节约、艰苦奋斗的优良作风。

此时，学生 3 略思考后答道："雷锋'新三年、旧三年、缝缝补补又三年'的消费观不符合当前社会主义市场经济下的消费观，我们没有必要再学他。"

一石激起千层浪。其他学生赶紧在下面应和：是呀，雷锋只讲奉献，不讲索取，没有必要学习他了。

全班学生哄堂大笑，并七嘴八舌地议论开了，有的甚至在等着看笑话。这个局面是我没有预设到的。我临时决定改变原来预设的教学计划，把后面的教学内容暂时放一放，先解决这个意外问题，纠正学生的错误认识。

Y：这位同学提出的问题具有挑战性，我们还有没有必要学习雷锋了呢？我们来讨论一下。

学生开始讨论。

一学生说：雷锋处处把国家和人民利益放在第一位，值得我们学习。

又一名学生说：虽然时代进步了，但我觉得雷锋勤俭节约、助人为乐的精神，还应该大力提倡，这正是我们当前提出的社会主义荣辱观的内涵。（显然这名学生的作答完全顺着 Y 提问的思路。）

Y 赶紧总结：雷锋虽然是那个时代的模范，但他的精神到现在还值得我们学习。

刚才提问的那位同学显然不服气，但屈于我的权威，没有发作。其他同学也似懂非懂地接受了我的观点。

（二）课堂分析

显然，教学片段中学生 3 提出的问题很尖锐，具有挑战性，也是当前青少年价值观念的真实反映。对于一些我们倡导的价值观，在学生眼中已经过时了。面对这样的青少年价值冲突问题，教师该如何引导和应对呢？虽然教师 Y 后来采用了集体讨论的方式，试图帮助学生克服对雷锋的一种片面认识，但整个讨论是顺着教师的思路走的，未能收到应有的效果。那么，教师应该如何组织学生讨论，如何让学生内心认同并接纳这些价值观念？

（三）教师自我诊断

反思这一教学片段，教师 Y 认为主要存在以下几个问题：

一是备课时缺乏必要的预设。备课时除了对照课标、研读教材、选择恰当的教学方法外，还应仔细分析学生的思想状况和心理特征，猜想不同学生面对某个情景可能出现的不同反应，尽可能做到对课堂演变心中有数。只有这样才能减少课堂中"面对学生的意外回答"而措手不及的尴尬。对雷锋精神的解读，应结合当前的时代——社会主义市场经济体制确立后的现实进行分析，这样就能从容不迫地应对学生的各种想法了。

二是课堂缺乏相对民主的氛围。虽然本教学环节中教师 Y 也让学生进行讨论，但由于缺乏相应的民主的氛围，讨论没有展开，学生更多地处于观望中，个别学生虽作了发言，这些回答都是在我预设的答案中，没有达到一种充分的、有效的生成。

三是课堂讨论时缺乏正确的引导。首先教师 Y 没有发现该同学提出问题的价值。该问题的提出说明这位同学能够将历史学习与现实结合进行分析，这种精神难能可贵，同时他的提问具有一定的合理性，只不过是以偏概全，如果适当引导则是课堂中进行情感、态度、价值观熏陶非常好的教学资源。其次，在组织讨论时，Y 是戴着镣铐在跳舞，"有没有必要学习雷锋"这一问题的潜台词就是要学习，讨论前已经对答案进行了肯定的预设，学生的思维由此被束缚。

（四）改进建议

第一，教学预设要贴近学生，弹性设计。教学预设就是教师的教学设计，它集中体现了教师的理念、智慧和经验。教师必须在课前对教学任务有一个清晰、理性的思考与安排，预设要做到"心中有人"。这种预设是"柔性设计"，在教学方案设计中有"弹性区间"，为学生的主动参与留出时间与空间，实行多维的、灵活的、开放的、动态的板块式设计。如本教学环节在介绍雷锋精神时，教师在教学预设中就必须考虑到，雷锋是那个时代的模范，在他身上肯定保存那个时代的痕迹，"新三年、旧三年、缝缝补补又三年"的消费观是由于当时物质极度匮乏导致的，我们现在虽然不需要那样做了，但我们还要保持艰苦朴素的作风；尤其是在雷锋身上具有许多宝贵的精神与品质，像公而忘私、全心全意为人民服务等，都是我们应当继承发扬的。我们有了这样的预设和思考，在整个教学中就有了充分的思想和心理准备。

第二，课堂事件要机智应对，民主和谐。"教育技巧不在于能预见到课堂所有的细节，而在于根据当时的具体情况，巧妙在不知不觉中做出相应的变动。"学生思维活跃，视野开阔，学生的潜能被激发。对此，教师必须具有敏锐的观察力和随机应变能力，这是课堂生成的重要前提。同时，教师还必须发扬民主精神，努力构筑自由对话的平台，使学生进入积极、活跃、自由的状态。如在本教学环节中，教师首先应该肯定该学生的提问具有一定的合理性，从而激发学生探究的欲望；讨论时可以干脆来个自由组合、分组进行，然后请各组派代表汇报小组观点。通过学生自由讨论或争论，能够进一步明辨是非，形成共识。

第三，教师要适时恰当引导，深层对话。课堂好比是未知旅程中随时会发现的意外通道和美丽风景，它是师生融合、共同成长"原汁原味"的生活情景展现。思维的激活、灵性的喷发源于对话的启迪、碰撞，只有深层次的对话才有闪光思想的生成。这一教学片段在组织学生讨论时，可以把讨论的问题"我们今天有没有必要学习雷锋精神"改为"雷锋精神主要是什么精神，我们今天怎样看待雷锋精神"，这样可以创设一个比较好的对话平台。在具体讨论时还可以引导学生仔细分析雷锋身上具有的那个时代的"烙印"和永恒的时代精神，通过师生沟通、碰撞，进而激活思维，引发灵性的喷发，学生的情感、态度和价值观一定会得到积极的健康发展。

（五）研究提示

下面案例中的许多情况就发生在我们的课堂上，发现问题并解决问题是课堂观察与诊断的初衷。教师要想做好课堂教育观察与诊断，首先必须具有发现问题的能力。

同时，要明确指出的是，上述案例后面提供的案例分析，只是其中的一个视角，并不是所谓的标准答案，这里只是为了启发读者思维，并给读者留下一定的思考空间。

互 动 对 话　如何看待课堂观察与诊断的作用和价值？

一、课堂观察与诊断的作用和价值

课堂观察与诊断，对学生发展、教师成长、高效课堂及学校办学等，都具有非常重要的意义，其作用和价值体现在很多方面。那么，对于课堂观察和诊断的作用和价值，你有哪些想法？

下面几个问题有助于你进一步深入思考：

（1）在平时听课过程中，是否对观察到的课堂情景（同事的或自己的）进行了认真分析和思考？发现了哪些类型的问题？对这些问题你是如何看待的？举例说明。

（2）课堂观察与诊断可以实现师生共同发展，有助于形成教师教学特色，对这一观点，你是如何理解的？

（3）你觉得同事或专家听课后，对课堂教学的分析和诊断是否到位？对你的课堂改进和自身专业发展是否有价值？

（4）课堂观察和诊断有助于实现学校特色办学理念吗？结合具体课堂，谈谈你的认识。

二、课堂观察与诊断体现的教育理念

随着新课程改革的不断深入，优质高效课堂成为每位教育工作者、每一所学校追求的目标。对教师和学校来说，建构高效课堂、优质课堂、有效课堂最有效的方法就是加强课堂观察与诊断，从真实的课堂中找到问题及解决问题的对策。那么新时期的课堂观察与诊断体现了哪些教育理念？对这一问题的把握，可以思考以下几个问题：

（1）进行课堂观察与诊断时，你认为应该关注哪些内容？核心内容是什么？

（2）很多学者认为课堂观察与诊断应该实现多主体合作，你如何看待？你认为如何实现多主体的合作？举例说明。

（3）课堂观察与诊断是一个动态增值的过程，对此，你是怎么看的？

三、教学反思

课堂观察与诊断是教师专业化发展的必由之路，也是教师建构优质课堂的重要方法之一，其重要性可想而知，在教学活动中，课堂观察具有简单易行的特点，但是需要教师对于课堂问题具有敏锐的观察力及发现问题的能力。针对教学活动中的突发现象变幻莫测，课堂教学中真假问题混杂的现象，希望达成良好的课堂观察与诊断效果，其实是一件非常困难复杂的事情。

一方面，教师应该积累课堂教学经验，及时有效地做到教学反思。实践出真知，真正的知识与经验来源于教学活动，来源于课堂。课堂观察与诊断可以称为一项教学研究，但是这项教学研究是针对课堂活动的，其根本目的更倾向于指导实践。实践教学经验在教师开展课堂观察与诊断的过程中显得十分重要，必不可少。教师积累课堂教育教学经验，不仅能够为课堂观察积累经验，而且有助于教师对课堂教学问题的诊断，有助于提升教师评价层次。教师做到及时的教学反思，有助于提升教师的评价能力，促进教师提升课堂问题的诊断能力。

另一方面，教师开展课堂观察与诊断，必须要掌握系统科学的观察方法及诊断方法。在教学活动中，并不是所有的问题都是真问题，都值得研究，所以，教师在开展观察诊断研究时，必须要做到对问题的遴选与甄别。这种遴选与甄别的工作，必须有系统科学的教育研究方法和教育研究理论作为指导。教师在开展教学观察的过程中，必须拥有开展科学研究的心态和勇气，努力提升自身的科研水平与科研能力，加强理论与实践的结合能力。

思 考 与 活 动 课堂观察与诊断是否促进了你的专业成长？

一、案例思考

你对下面的这一课堂片段如何看待？对这样的课堂应该如何诊断？你能提出哪些改进建议？

小学品德与生活（品德与社会）之《有多少人为了我》教学片段[①]：

师：早餐真丰富！当你手捧香浓的牛奶、品尝可口的小菜时，你有没有想过，这些东西经过多少人的手才能到我们手里呢？带着这个疑问，在凌晨的时候，老师拍下了一段录像，你们想不想看？请同学们边看边思考：当我们还在睡梦中时，有多少人已经开始忙碌了？

学生观看录像。

00：10 在路上行进的各种车辆；

00：30 巨型冷冻车进入配货场；

01：00 很多奶点的工作人员开着小型车进配货场领货，从大车上卸奶，装到小车上；

02：00 送奶员来到自己的牛奶供应点领牛奶，骑上自己的三轮车送奶；

02：30 送奶员到达自己服务的小区，保安查看他的证件，允许他进入小区；

02：40 送奶员把牛奶放进奶箱；

03：00 环卫工人清理垃圾；

04：00 蔬菜批发市场；

04：35 运菜的工人在赶路；

05：00 运菜的人把菜摆在摊点上，公鸡叫了；

05：30 小区内，送煤气的人、运煤的人匆匆走过，清洁工把扔在外面的垃圾扫进垃圾箱；公路上，有清洁工、各种车辆，还有清清爽爽的街道。

师：刚才你看到了什么？想到了什么？

生 1：我看到了警察、送奶工、环卫工、卖菜的人和洒水车。

生 2：我看见警察在巡逻，让我们安心睡觉。

---

① 本案例节选自：吴永军，王一军. 小学品德与生活（品德与社会）课堂诊断［M］. 北京：教育科学出版社，2005：5—8.

生3：平时我不大喜欢卖菜的人和扫垃圾的人，我嫌他们脏，身上有味道。其实要是没有他们不怕脏不怕累，我们的生活就不会这么好。

生4：我看到凌晨的时候送奶的工人就忙起来了，这时候我还在睡觉呢！他们一年四季都要起这么早，真辛苦！

生5：我平时只知道一瓶牛奶1块多钱，很便宜，喝不完就倒掉，看了录像，我知道了牛奶来得不容易。

生6：我补充一下，很多东西是买不到的，要用心去做！

师：说出了自己的真实感受，好！

……

二、教育过程中的案例指导

在教育教学过程中，我们经常会遇到一些很具代表性的案例，这些案例对于我们开展教育教学具有很强的借鉴意义。下面两则案例，讨论的是关于小组合作教学在小学数学课中运用情况的问题。带着"如何开展小组合作教学"及"如何在小组合作教学课堂中运用课堂观察方法"两个问题阅读与分析案例。

案例名称：小学数学课堂诊断之合作不能代替个体的独立学习[①]

一位教师教学三年级"年、月、日"时，让学生观察自己的年历卡，先独立思考，再分组讨论下列问题：

（1）一年中有几个大月、几个小月？

（2）在同一年里，有没有相邻的两个大月或相邻的两个小月？

（3）小红今年12岁，请你猜猜她过了多少个生日？（如果小红只过了3个生日，你们知道她的生日是哪一天吗？）

（4）有一个骗子自己开了一封介绍信，下面写着的落款日期是2002年2月29日，赵经理一看就知道这封信是假的，立即戳穿了他的诡计，你们知道这是为什么吗？

学生经过独立思考后，6人小组开始交流。我仔细地观看了一个小组的交流情况。有两名学生抢着要发言，结果谁也不让着谁，各人说各人的，嘈杂得听不清说话的声音。另外有一名学生不认真听，仍然在看着自己手中的日历。其中一名同学看错了答案，另外一名学生大声讥笑道："你连这个都不知道。"答错的学生后来一句话也没说，听也不听了……

有一位教师上了一节"统计"的小组合作学习课，教师把各种颜色的花分

---

① 本案例节选自：彭钢，蔡守龙. 小学数学课堂诊断［M］. 北京：教育科学出版社. 2006：95—96.

给学生，让学生两人一组合作摆出象形统计图，统计每种花的数量。一名男生把卡片全部拿去，不让同桌女生摆，女生争辩道："老师让我们俩一起摆。"然后两个人吵起来。后经教师教育，两人才一起操作，而那名男生仍然是一脸不情愿的样子。

（一）案例分析与诊断

这是两个关于小学数学课的合作学习研究的教学案例，从案例的表述中我们可以得知教师的出发点是正确的，都是要通过合作学习来完成教学目标。教师为了准备小组合作教学，做了一定的准备，从备课及课堂教学过程中都有很明显的体现。但是这样的合作学习只是趋于形式化的学习范式，并不利于对学生开展良好的教育教学。

案例一中的这些问题从学生的认知实际出发，富有思考价值，很适合学生的合作研究。但只是一些学生坐在一起说说、议议、写写，看起来热热闹闹，实际上学生之间缺少平等的沟通和交流，互不尊重，不善于倾听，不善于协作。没有规则的合作学习教师难驾驭，学生无收获，合作学习效果低。教师要注重构建合理的学习小组，培养学生良好的合作习惯，要指导学生相互尊重，学会倾听。小组学习中常常会出现同学间不友好，只顾自己说、做，不倾听或听不进他人意见的现象，教师要加以正确的引导。每个人对问题都有自己的看法，要尊重他人，耐心倾听他人的发言，既有利于相互启发，激发各自的灵感，又有利于小组学习的顺利开展。

案例二中的现象经常发生。现在大多数学生都是独生子女，其中一部分学生的性格自私、独立，这是造成上述问题的主要原因。但从中也可以看出教师平时没有精心培养学生小组合作学习的习惯，没有对学生进行很好的教育。教师的一切教学行为的出发点和归宿都是为了学生个性的全面发展，小组合作学习除了让学生掌握知识技能、培养合作意识和能力外，还要培养学生的探究能力、健康心理、良好的情感态度和价值观。要培养小组成员建立一种平等、民主、互助的关系，使之对小组的学习任务建立一种责任感，以保证小组合作学习不放任自流或流于形式。合作学习不是新课程的点缀和装饰，必须领会其精神实质。

（二）改进建议

1. 如何开展小组合作教学

合作学习是一个全新的教育方式，有助于教师因材施教，更有助于教师的专业成长。小组合作教学方式在课堂教学中的运用给课堂教学带来很大的变化，但我们不能忽视的是，由于教师的主观原因，或是对小组教学的含义不甚理解，其深层次内涵把握不足，以及新方式的一味追求，而造成小组合作教学华而不实，效率低下的问题。要解决如何开展小组合作学习问题，应该从以下三方面着手：

首先，小组合作学习不仅仅是形式。教师对于小组合作学习的热衷，不应仅仅是对课堂教学方式改革的一种冲动，更应该是对教学方式的深入冷静的思考。小组合作教学首先要注重形式，在形式的框架里，教学方式更容易趋向于合作的形式。合理地构建合作小组也是非常重要的，小组的构建不仅仅依靠于形式化的东西，更多的是在小组构建的过程中逐渐形成合作机制化的内核，让学生在参与合作学习的过程中，不觉得简单枯燥。小组合作的动力来源于学生自身的需要，教师只是在教学的过程中营造一种氛围。这种氛围的营造要紧紧地依靠学生自身的发展潜质及学生的主观能动性。在一定程度上取决于学生的需要程度，如果学生对问题的理解已经足够深刻，已经不需要活动方式进行"再教育"了，那么教师开展合作学习就是徒劳的。

其次，正如案例中所彰显的问题，小组合作学习不能代替个体的独立学习。因为在大多数情况下，个体的独立学习才是学生掌握具体知识的基础方式之一。合作学习与个体学习各具优点，不能相互替代。在开展小组合作学习时，应尽量保障小组内部的公平性，形成合作机制，同时重视组际之间的交往沟通。

最后，小组教学的目的在于激发学生的主动性，但是不能忽视教师的主导地位。而教师的主导地位中最重要的一个部分在于对课堂的控制，如何进行课堂控制，很重要的一部分在于教师课堂观察与诊断能力的提升。

2. 如何在小组合作教学课堂中运用课堂观察方法

对于这个问题的解决，首先要回答的是如何开展课堂观察方法。我们可以运用弗兰德斯相互作用分析系统①开展课堂观察。系统分析小组合作教学中出现的种种课堂问题表现，再通过具体问题，开展具体研究。

（三）课外设计

读者可以根据班级及课堂的特点，开展小组合作学习，并依据相互作用分析系统进行对班级授课方式的指导，进而对自己的合作形式的课堂教学做出正确合理的课堂诊断，促进自身教学能力的增强与教学水平的提升。

---

① 弗兰德斯相互作用分析系统（Flanders Interaction Analysis System，简称 FIAS）是师生课堂教学互动行为观察系统，聚焦课堂情境中师生双方的互动语言，旨在记录和分析教师在教学情境的教学行为和师生互动事件，是弗兰德斯（Flanders）在 1970 年提出的。

拓 展 延 伸　相关文献的阅读摘要

论著：《新课程教学问题与解决丛书》

主编：杨九俊

出版社：教育科学出版社

出版日期：2004 年

简介：该套丛书系统讲述了新课程教学过程中存在的诸多实际问题，并提出了相应的诊断策略。丛书选用了大量的研究实例，为教师课堂观察与诊断提供更直观、更具体的方法。丛书包括《新课程教学组织策略与技术》、《新课程备课新思维》、《新课程教学现场与教学细节》、《新课程说课、听课与评课》、《新课程评价方法与设计》。

第二章　课堂观察与诊断的作用与价值

第三章　课堂教学观察的基本理论

【学习要求】

1. 了解课堂教学观察的基本要求。
2. 理解课堂教学观察的基本形式，准确把握实施课堂教学观察的主要纬度。
3. 借助案例掌握开展课堂教学观察的主要方法。

提 出 问 题　如何实施课堂教学观察？

在现代教育中，课堂观察是教师获得教学反馈信息，捕捉教学复杂现象，分析研究教学情况，及时调整教学思路、教学内容和教学方法的重要手段；同时能够唤醒隐藏在教师心中的教学智慧，促进教师的专业发展，提高教学效率。

在日常教学中，课堂观察与诊断有显著的功能与作用，集中体现在促进教师专业发展，提高教学质量和效率，改进师生的生存状态等方面。

课堂观察与诊断是教师教育教学实践反思的镜子，通过观察诊断能提升教学的有效性，同时课堂观察与诊断也是教育教学改革的前沿，因此，研究课堂教学观察与诊断技术对于促进教师专业发展十分必要。英国学者雷格·列文（Reg Revans）在20世纪50年代提出行动学习的概念，指出教师的行动学习就是为改进自己的教学而学习，针对自己的教学问题而学习，在自己的教学过程中学习。

但是，究竟如何开展课堂教学观察呢？需要做出相对全面的界定。

理 论 阐 释

课堂观察是有目的的研究活动，观察者只有清楚观察的目的，才能收集到更确切有效的资料，才能确保观察的有效性。课堂观察前，首先要明确本次课堂观察的目的和任务目标，其次要选择合适的观察对象，然后确立恰当的观察视角和观察工具，做好观察的准备工作。课堂观察常用的主要工具有定量观察量表、定性观察分析提纲、摄像机等。制定观察量表是一项系统而复杂的工作，观察量表制定的科学与否及质量高低，直接影响观察效果的好与差。观察量表的制定需要根据课程特点、教师水平、学生基础、教学实际等方面综合设计，它同时需要在实践中进一步探索、完善和优化。

一、课堂观察的基本要求

课堂观察有四点基本要求，即：有明确的观察目的、有适当的观察内容、有科学的观察方法、有清晰的观察分析和结论。

首先，观察目的必须与需要解决的问题相联系；其次，能够从复杂的教学现象中捕捉值得关注的关键问题。课堂观察将研究问题具体化为观察点，将课堂中连续性事件拆解为一个个时间单元，将课堂中复杂性情境拆解为一个个空间单元，透过观察点对一个个单元进行定格、扫描，搜集、描述与记录相关的详细信息，再对观察结果进行反思、分析、推论，以此改善教师的教学，促进学生的学习；再次，必须采取科学的观察方法，下表就是我们开展有效提问所采取的量表。

表 3 - 1　在数学课堂中的各种提问行为类别频次统计表

行为类别	频次（次）	百分比（%）
A．提出问题的类别 ☆ 和数学无关的问题 ☆ 常规管理性问题 ☆ 记忆性问题 ☆ 理解性问题 ☆ 推理性问题 ☆ 创造性问题		
B．挑选回答问题的方式 ☆ 提问前先点名 ☆ 提问后让学生齐答 ☆ 提问后让举手者答 ☆ 提问后让未举手者答 ☆ 提问后改为其他同学		

行为类别	频次（次）	百分比（%）
C．教师理答方式 ☆ 自己代答 ☆ 对学生回答没有响应 ☆ 重复问题或学生的答案 ☆ 对学生的回答提出进一步的问题 ☆ 鼓励或称赞学生的回答 ☆ 鼓励学生提出问题 ☆ 对学生的回答加以指导		
D．学生回答的类型 ☆ 与数学无关问题的回答 ☆ 无回答 ☆ 机械判断是否 ☆ 认知记忆性回答 ☆ 理解性回答 ☆ 创造评价性回答		
E．停顿 ☆ 提问后没有停顿或不足 3 秒 ☆ 提问后停顿过长 ☆ 提问后适当停顿 3～5 秒 ☆ 学生答不出，耐心等待几秒 ☆ 对特殊需要的学生，适当多停几秒		

二、课堂观察的基本形式

　　课堂观察有五种基本形式：课堂活动全息观察、关键问题聚焦观察、依据价值评判标准的课堂观察、现场情境描述性观察、典型个体追踪观察。

　　（一）课堂活动全息观察

　　课堂活动全息观察，是指对所有影响该主题的课堂教学因素进行观察，涉及面广，需要观察的领域多，比较适合对整堂课的全面分析，对教师观察技术的训练有好处。但一堂课涉及的观察领域过多往往难以聚焦关键问题，对课堂教学的分析会流于肢解，影响整体感。

（二）关键问题聚焦观察

关键问题聚焦观察即对观察视角、视点如何设计。聚焦需要解决的问题，分析相关的重要因素，选择视角，设计视点（支架）进行课堂观察。首先，聚焦需要研究的问题，分析其相关因素，选择视角，设计视点；其次，所提供的视点（支架）的设计要突出重点，注意科学性；最后，要有较强的问题分析能力及合作能力。

（三）依据价值评判标准的课堂观察

依据价值评判标准的课堂观察，是指带着课堂教学评价量规进行带有评判意义的观察。这种课堂观察既可能是一种鉴定或评价，最后形成对该课堂教学水平与效果的评价结论；也可以是一种引导和培训，在课堂观察中理解和内化课堂评价的标准。

要做到：一是，依据所观察课程的主题制定有效性评判标准。制定标准的关键在于保证有效性评判标准的质量，制定出的标准要具有科学性、准确性和包容性。二是，依据学科特点制定价值评判标准。关键在于评判标准的制定要符合学科特点，要科学、全面、合理，在观评课时注意避免程序化，要根据教学目标、课型类别、教师个人教学风格的不同灵活运用。

（四）现场情境描述性观察

现场情境描述性观察是一种定性的观察方法，要求观察者围绕特定主题，设计观察视角和视点，对结果进行除数字外的各种形式的描述，具有灵活性、情境性、开放性等特点，适合对主题作深入、全面、动态的分析，特别是对主题的生成及拓展过程的观察有一定作用。但这种观察方法需要观察者有较强的理论功底和分析能力，观察过程中观察者的主观意识会对结果产生一定的影响。

课堂是一个复杂的情境，教学是一个复杂的过程，课堂教学中的许多内容是无法用具体数据来说明的，需要观察者根据观察目的和粗线条的观察提纲，在课堂现场对观察对象的某些行为做详尽的、多方面的观察描述，并可以在课后根据观察回忆加以补充、完善，以较完整地反映教学的真实情况。

（五）典型个体追踪观察

为了深入了解某些学生的学习情况或通过了解具有代表意义的学生个体的学习情况，验证或研究某一教育措施的实施、某一教育教学新方法对教学对象产生的效果，而有意识地选择一个或几个目标学生进行课前、课中、课后跟踪观察的方法，我们称此为"典型个体追踪观察"。关键在于选准观察对象，观察对象必须具有该研究主题的代表性，观察时要尽量避免主观因素的过度干扰，以保证观察结果的有效性。

三、课堂观察方法的分类

课堂观察兴起于西方的科学主义思潮。按照不同的分类标准，可以将课堂观察方法分为：实验观察与自然观察；参与观察和非参与观察；直接观察和非直接观察；结构观察、准结构观察和非结构观察；开放式观察、聚焦式观察与系统观察；定量观察和定性观察等诸多不同的分类标准。

其中，定量观察是以结构化的方式收集资料，并且以数字化的方式呈现资料的课堂观察，主要有三种记录方式——编码体系、记号体系（或项目清单）、等级量表，以及两种抽样方法——时间抽样和事件行为抽样。1950 年，美国社会心理学家贝尔思（R. F. Bales）提出了"互动过程分析"理论，1960 年，美国学者弗兰德斯（N. A. Flander）建立了"互动分类系统"（全称为"弗兰德斯相互作用分析系统"，英文 Flanders Interaction Analysis System，简称 FIAS）。

在对课堂教学进行量化研究的过程中，课堂观察表、学生座次表、行动路线图、行为统计表、活动时间表、问题分类表、前后教学环节板块图等各种各样的量表被开发出来，并投入到课堂观察的实践应用中。

定性观察是以质化的方式收集资料，资料以非数字化的形式（如文字等）呈现的课堂观察。依据粗线条的观察提纲，对观察对象做详尽的多方面的记录，呈现形式是非数字化的，分析手段是质化的，主要有四种记录方式——描述体系、叙述体系、图式记录、工艺学记录。从 20 世纪 70 年代开始，课堂语言实录、课堂音频实录、课堂视频实录、教学情景描述、教学语言分析等定性课堂观察的方法开始应运而生，原本被剥离割裂的教学行为或事件开始回归到产生时的情形，于是还原数据原本的情境意义。

完整情景的音视频资料富含海量的信息，有待于选取恰当的角度解读。定性观察到的信息质量与观察者的语言记录水平、个人经验、语言描述能力以及相关理论水平都有关系，因此主观性、个性化色彩比较强。

定量观察是在观察前提出问题，然后具体设计指标系统来分析；定性观察则只有在搜集了大量客观资料后，才提出问题。研究问题常在研究过程中不断被重构，时间较长。

观察记录方法的选择要适合观察的目的要求，观察记录方法的选择要适合观察者的习惯和观察记录能力，观察量表要根据观察对象的不同进行修改。

四、课堂观察的程序

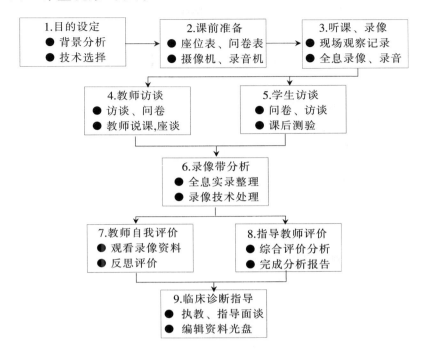

例 学生课堂学习状态与学习效果

观察内容：学生学习的主动性与积极性、参与的深度与广度、规范与习惯、反思与评价、能力与发展、三维目标的达成度，等等。

表 3 - 2 观 察 量 表

被观察者： 课题： 时间：

观察者姓名及单位： 观察地点：

观察视角	学习状态与学习效果		
维　度	观察点	课堂现象描述	观察结果分析（定量、定性）
学习状态	学习兴趣		
	学习习惯		
	学习主动性		
	学习积极性		

维　　度	观察点	课堂现象描述	观察结果分析（定量、定性）
学习效果	知识技能的理解与掌握		
	知识技能的应用与深化		
	能力发展与提高		
	方法的获得与运用		
	情感体验与感悟		

五、课堂观察与诊断的维度分类

（一）宏观和微观

课堂的宏观观察涉及教学目标、教学过程（设计、内容、环节、时间安排）、学生活动的类型、组织教学（随机）、设备使用、资源开发等方面。

课堂微观观察涉及提问次数/人数、每次学生活动的时间、表扬学生的次数和方式、课上巡视的路线和关注面、多媒体使用的时间等。

（二）以观察对象为划分标准

1. 教师方面

为达到一定的观察目的，选取的观察对象以教师为主体，关注教师的教学行为，如教师的提问、教师课堂巡视情况、教师的课堂任务指令、教师的肢体语言运用等。

例　教师提问行为类别频次统计表

笔者长期进行课堂观察，下表是笔者在一次课堂观察中的真实记录。

表 3－3　《周长》一节的各种提问行为类别频次表

行为类别	频次（次）	百分比（%）
A．提出问题的类别		
☆ 和数学无关的问题	1	1.3
☆ 常规管理性问题	13	17.1
☆ 记忆性问题	33	43.4
☆ 理解性问题	26	34.2
☆ 推理性问题	3	3.9
☆ 创造性问题	0	0

行为类别	频次（次）	百分比（%）
B.　挑选回答问题的方式		
☆ 提问前先点名	0	0
☆ 提问后让学生齐答	24	31.6
☆ 提问后让举手者答	45	59.2
☆ 提问后让未举手者答	0	0
☆ 提问后改为其他同学	7	9.2
C.　教师理答方式		
☆ 自己代答	0	0
☆ 对学生回答没有响应	0	0
☆ 重复自己问题或学生的答案	21	27.6
☆ 对学生的回答提出进一步问题	19	25
☆ 鼓励或称赞学生的回答	26	34.2
☆ 鼓励学生提出问题	1	1.4
☆ 对学生的回答加以指导	9	11.8
D.　学生回答的类型		
☆ 与数学无关问题的回答	0	0
☆ 无回答	2	2.6
☆ 机械判断是否	3	3.9
☆ 认知记忆性回答	34	44.7
☆ 理解性回答	34	44.7
☆ 创造评价性回答	3	3.9
E.　停顿		
☆ 提问后没有停顿或不足 3 秒	48	63.2
☆ 提问后停顿时间过长	5	6.6
☆ 提问后适当停顿 3～5 秒	19	25
☆ 学生答不出，耐心等待几秒	2	2.6
☆ 对特殊需要的学生，适当多停几秒	0	0

在这节课上，从课堂提问的频度来看，教师提问 76 次，课堂教学时间为 40.88 分钟，平均每分钟要提问 1.89 次，这表明教师提问的频率略高。如果频率保持在平均每分钟提问 1～1.5 次，也许更有利于教师与学生之间的对话和交流，给学生创设比较宽松的学习环境。

事实上，有效的课堂提问，主张根据教学的重、难点精心设计问题串，注重问题的数量和质量的统一，着重培养学生发展问题、提出问题的能力，以及分析问题、解决问题的能力。

2．学生方面

为达到一定的观察目的，选取的观察对象应以学生为主体，如，关注"学了什么，效果如何"，"不同的学生有什么不同的反应"，"学习场景"，"行为描述"，"出乎意料的事件"，"发言学生的座位号"等方面。

表 3－4　课堂管理中学生不当行为记录表①

不当行为的类型	1.5′	3′	4.5′	6′	7.5′	9′
吵闹或违纪说话	1					
不适宜的活动	1					
不适宜地使用材料						
损坏学习材料或设备						
不经允许拿别人的东西	1					
动作侵扰其他同学						
违抗教师						
拒绝活动	1					

研究者也时常关注"师生互动方面"的问题。

3．教学方面

为达到一定的观察目的，选取的观察对象以教学内容的选择和组织为主体，关注点在于"教了什么"，"如何教的"，"教学计划是否与教学实际情况相符"，"为什么有些内容或方法能够按计划完成，而有些却不能"等问题。

表 3－5　初二几何课堂教学时间分配表

	教师讲解（％）	师生问答（％）	合作、伙伴学习（％）	学生自学（％）	非教学时间（％）	合计
时间	11′46″	25′37″	0	9′07″	0	46′30″
占总课时	25.3％	55.1％		19.6％		100％

观察课堂，首先要理解课堂，要理解课堂则必须解构课堂。基于课堂教学构成要素的知识以及实践中的智慧总结，沈毅等人构建了一种课堂分析框架（也叫课堂观察框架，见表 3－6）：4 个维度——20 个视角——68 个观察点。该框架为教师理解课堂提供了一个全新的支架，也为教师选择观察点、选择/开发观察工具提供了参照体系。

表 3－6 中的"维度"是对课堂的一级解构指标，其理论依据是，学生和

---

① Wragg E C. *An Introduction to Classroom Observation*. Routledge，1994：49.

教师是课堂中的主体，课程是将这两个主体联系起来的纽带，师生围绕课程展开教/学活动的过程中，会产生特定的文化。实践依据是，听评课中我们要追问的四个核心问题：学生学得怎么样？老师教得怎么样？课程（教材）处理得怎么样？课堂感受怎么样？因此，课堂观察中我们要关注的是学生的学习、教师的教学、课程的性质、课堂的文化，但"维度"没有操作性上的意义。

表3-6中的"视角"和"观察点"是我们对课堂的二级和三级解构指标。按照"尊重规律、避轻就重、紧扣课改"的原则，"视角"呈现了每个"维度"在当前教育教学环境下最为重要的要素，按照"基于课堂、紧扣课标、抓住关键、可观察、可记录、可推论"的原则，选取了在当前课堂教学中，最为关键的问题作为"视角"下的"观察点"，并以举例的方式、问题的形式呈现"观察点"，以期引领教师理解和思考课堂。

表3-6 课堂观察框架示意图①

视角		观察点举例
维度一——学生学习	准备	学生课前准备了什么？是怎样准备的？
		准备得怎么样？有多少学生作了准备？
		学优生、学困生的准备习惯怎么样？
	倾听	有多少学生能倾听老师的讲课？能倾听多长时间？
		有多少学生能倾听同学的发言？
		倾听时，学生有哪些辅助行为（记笔记/查阅/回应）？有多少人？
	互动	有哪些互动行为？学生的互动能为目标达成提供帮助吗？
		参与提问/回答的人数、时间、对象、过程、质量如何？
		参与小组讨论的人数、时间、对象、过程、质量如何？
		参与课堂活动（个人/小组）的人数、时间、对象、过程、质量如何？
		学生的互动习惯怎么样？出现了怎样的情感行为？
	自主	学生可以自主学习的时间有多少？有多少人参与？学困生的参与情况怎样？
		学生自主学习形式（探究/记笔记/阅读/思考）有哪些？各有多少人？
		学生的自主学习有序吗？学生有无自主探究活动？学优生、学困生情况怎样？
		学生自主学习的质量如何？
	达成	学生清楚这节课的学习目标吗？
		预设的目标达成有什么证据（观点/作业/表情/板演/演示）？有多少人达成？
		这堂课生成了什么目标？效果如何？

---

① 引自：沈毅，林荣凑，吴江林，等. 课堂观察框架与工具 [J]. 当代教育科学，2007（24）.

	视角	观察点举例
维度二——教师教学	环节	由哪些环节构成？是否围绕教学目标展开？
		这些环节是否面向全体学生？
		不同环节/行为/内容的时间是怎么分配的？
	呈示	怎样讲解？讲解是否有效（清晰/结构/契合主题/简洁/语速/音量/节奏）？
		板书怎样呈现的？是否为学生的学习提供了帮助？
		媒体怎样呈现的？是否适当？是否有效？
		动作（如实验/动作/制作）怎样呈现的？是否规范？是否有效？
	对话	提问的对象、次数、类型、结构、认知难度、候答时间怎样？是否有效？
		教师的理答方式和内容如何？有哪些辅助方式？是否有效？
		有哪些话题？话题与学习目标的关系如何？
	指导	怎样指导学生自主学习（阅读/作业）？是否有效？
		怎样指导学生合作学习（讨论/活动/作业）？是否有效？
		怎样指导学生探究学习（实验/课题研究/作业）？是否有效？
	机智	教学设计有哪些调整？为什么？效果怎么样？
		如何处理来自学生或情景的突发事件？效果怎么样？
		呈现了哪些非言语行为（表情/移动/体态语）？效果怎么样？
		有哪些具有特色的课堂行为（语言/教态/学识/技能/思想）？
维度三——课程性质	目标	预设的学习目标是什么？学习目标的表达是否规范和清晰？
		目标是根据什么（课程标准/学生/教材）预设的？是否适合该班学生？
		在课堂中是否生成新的学习目标？是否合理？
	内容	教材是如何处理的（增/删/合/立/换）？是否合理？
		课堂中生成了哪些内容？怎样处理？
		是否凸显了本学科的特点、思想、核心技能以及逻辑关系？
		容量是否适合该班学生？如何满足不同学生的需求？
	实施	预设了哪些方法（讲授/讨论/活动/探究/互动）？与学习目标的适合度怎样？
		是否体现了本学科特点？有没有关注学习方法的指导？
		创设了什么样的情境？是否有效？
	评价	检测学习目标所采用的主要评价方式是什么？是否有效？
		是否关注在教学过程中获取相关的评价信息（回答/作业/表情）？
		如何利用获得的评价信息（解释/反馈/改进建议）？
	资源	预设了哪些资源（师生/文本/实物与模型/实验/多媒体）？
		预设资源的利用是否有助于学习目标的达成？
		生成了哪些资源（错误/回答/作业/作品）？与学习目标达成的关系怎样？
		向学生推荐了哪些课外资源？可得到程度如何？

视角		观察点举例
维度四——课堂文化	思考	学习目标是否关注高级认知技能（解释/解决/迁移/综合/评价）？ 教学是否由问题驱动？问题链与学生认知水平、知识结构的关系如何？ 怎样指导学生开展独立思考？怎样对待或处理学生思考中的错误？ 学生思考的人数、时间、水平怎样？课堂气氛怎样？
	民主	课堂话语（数量/时间/对象/措辞/插话）是怎么样的？ 学生参与课堂教学活动的人数、时间怎样？课堂气氛怎样？ 师生行为（情境设置/叫答机会/座位安排）如何？学生间的关系如何？
	创新	教学设计、情境创设与资源利用有何新意？ 教学设计、课堂气氛是否有助于学生表达自己的奇思妙想？如何处理？ 课堂生成了哪些目标/资源？教师是如何处理的？
	关爱	学习目标是否面向全体学生？是否关注不同学生的需求？ 特殊（学习困难、残障、疾病）学生的学习是否得到关注？座位安排是否得当？ 课堂话语（数量/时间/对象/措辞/插话）、行为（叫答机会/座位安排）如何？
	特质	该课体现了教师哪些优势（语言风格/行为特点/思维品质）？ 整堂课设计是否有特色（环节安排/教材处理/导入/教学策略/学习指导/对话）？ 学生对该教师教学特色的评价如何？

在前文的"周长"一节中，课堂教学时间与课堂教学行为时间分配如表3-7、表3-8所示：

表 3-7　课堂教学时间分配表

	教师讲解	师生问答		学生活动	总教学时间
		数学知识方面	德育方面		
时间	3′27″	24′12″	0″	17′24″	45′03″
占总课时	7.7%	53.7%	0%	38.6%	100%

表 3-8　课堂教学行为时间分配表

	引入	展开			小结
		认识周长	测量图形的周长	计算长方形周长	
占时	2′11″	6′45″	25′18″	9′31″	1′16″
提问（次）	7	15	46	7	1

从总的教学时间来看，本节课共用了 45′03″，比正常的小学数学课堂时间多用了 5′3″；从课堂教学效率的角度来看，这节课是低效的；从教师教学设计的层面来看，本节课的教学重点是让学生通过活动体验并感受周长的含义；从教学时间的分配来看，教师在认识周长这个教学环节用了 6′45″，占整个课堂的 14.96%，时间分配比较合理；从后来的学习效果来看，学生基本理解了周长的含义，为后来测量图形的周长和计算长方形的周长奠定了基础。本节课的教学难点是通过实际操作活动探究不同图形的周长测量策略，在本节课中学生活动时间占 38.6%，突出了教学难点，同时也给学生留出了比较充分的时间去探索和发现，说明教师比较重视学生对知识的探索和动手操作能力的培养。在本节课中师生问答所用时间占整节课的 53.7%，说明学生是在与教师的对话和交流中学习的，师生问答的大部分时间是在交流周长的测量方法，教师给予及时的反馈，课堂气氛比较宽松。从整个教学环节来看，本节课内容含量很大，没有给学生巩固练习的时间。课程内容过多，学生没有消化理解的时机，教师也无法了解学生是否真得掌握了本节课的教学内容。

案 例 运 用

针对小学数学课堂教学，东北某省会城市的某小学开展了课堂教学观察活动，以下是课堂观察实录。

一、课堂观察和分析程序

（1）目的设定（背景分析、技术选择）。
（2）课前准备（摄像机、问卷表、座位表）。
（3）听课、录像（现场观察记录、全息录像）。
（4）师生访谈。
（5）录像带分析（全息实录整理）。
（6）实践反思。
（7）撰写案例分析报告。

二、课堂观察的实施过程

（一）目 的

（1）利用课堂教学现场观察技术，分析与诊断"倒数的认识"这一课，寻找切入点，探求小学数学教学改革的方向，真正体现《数学课程标准》提出的

"有效的数学学习活动不能单纯地依赖模仿与记忆，动手实践、自主探索与合作交流是学生学习数学的重要方式"这一教学理念。

（2）为全面、更好地开展课堂观察与分析活动做好充分的准备。

（二）样　本

表 3 - 9　课堂观察样本

学校类型	年级	学科	课型	班额	教　师						
					性别	年龄	教龄	职称	学历	职务	水平
一般小学	六	数学	新授	49	男	40	22	中高	大专	校长	上等

（三）时　间

2013 年 9 月 20 日上午第二节课，上课时间规定 40 分，实际用时 38 分 23 秒。提前一周通知执教者，基本上反映的是自然情景中的教学。

（四）观察技术：研究方法选择

（1）全息性课堂教学录像。

（2）逐字记录课堂教学实录。

（3）课堂教学时间分配表。

（4）提问技巧水平检核表。

（5）提问行为类别频次表。

（6）课堂练习目标层次统计表。

（7）语言流动图、巡视线路图。

（8）课堂教学效果检测分析。

三、观察结果诊断分析

（一）课堂结构分析

学生学习知识是接受的过程，更是发现的过程、创造的过程。给学生多一点思维空间和时间，凡是学生能探究得出的，绝不替代，凡是学生能独立思考的，绝不暗示，给学生多一点表现自己的机会，多一些体会尝到成功的喜悦。但必须要教师导好、组织好。从本课例中可以看出教师讲解为 12%，师生问答为 65.8%，学生占时为 22.2%。因而这节课的时间分配结构较为合理，做到了师生共享；同时充分体现了以学生为主体、教师为主导、练习为主线的"三主"原则，学生在教师的循循善诱下积极尝试，主动探究知识，理解并掌握巩固新知识的方法，得到倒数的概念和求一个数的倒数的方法。

表 3‑10　教学环节用时分配表

	复习引入	新课	巩固练习	总结	总用时
占时	44″	18′28″	16′53″	2′31″	38′23″
提问次数	2	48	15	3	68

表 3‑11　课堂时间分配表

	教师讲解	师生问答	合作伙伴学习	学生自学	非教学时间	合计
时　间	4′50″	25′08″	6′10″	2′15″	0	38′23″
占总时百分比	12%	65.8%	15.8%	6.4%		

（二）课堂提问分析

　　思维总是由问题引起的，通过课堂提问可以激发学生的学习动机。学生有了学习的主观愿望，才能引起一系列的学习活动，这种愿望越强烈，学习的积极性就越高。这就要求教师必须了解学生已有的认知结构和心理特点，有目的地创设问题情境，引发解决问题的动机。良好的课堂提问也是教与学的纽带，是进行信息交流的有效途径，教师可以从学生的回答中，弄清学生对知识的掌握程度，也有利于学生科学思维方法的形成。本节课共提了 68 个不同的问题，以理解、推理性问题为主，分别占总数的 36.8% 和 29.4%，非常符合数学课的特征，同时教师也能注意创造性问题的提出，创造性问题占总数的 14.9%；方式主要以提问后叫举手者回答为主，占总数的 54.4%，同时较注重对学生回答的鼓励、称赞。从这里可以看出教师比较重视学生理解和推理能力的培养，重视鼓励学生主动质疑，方法上较合理，具有课堂教学改革的意图。

（三）语言互动分析

　　小学数学教学既让学生学会知识，又使学生学会学习，这就体现了在教学中"以学生为主体"的指导思想。从这一指导思想出发，教学就要着重引导学生积极主动地参与教学的全过程，让所有学生都有参与的权利，都拥有主动发展的机会，又让学生在参与中主动发展，在发展中获得新的参与，从而体现了"以学生发展为本"的教育原则。这就要求作为组织者、引导者、合作者的教师既要启迪学生参与的动机，又要根据教材和学生的实际创造条件。为学生提供更多的参与机会，这是实现教师主导作用和学生主体作用相结合的落脚点。本课从语言流动图、巡视线路图上可以看出，教师对优秀学生提问 11 人，良好学生提问 21 次，中等生提问 9 人，后进生提问 1 人，两次发言或以上的有 16 人，教师提问的面很广，每名学生至少提问一次。从座位表及巡视线路图中可以看出，教师在本节课巡视指导 15 次，指导学生 20 人次，指导小组活动

4 次，及时反馈，努力将问题在课内解决。由此，我们认为，本节课学生的学习主动，参与度较高。

（四）教学效果分析

综观整节课的教学，凡是学生能独立思考、合作探究发现的，教师绝不包办代替。做到让学生多思考、多动手、多实践，自主探索、合作学习、师生共同活动相结合，教学形式方法多样，学生参与度高，最大限度地拓宽了学生的思路，学生得到和谐发展。教师给学生创设的一个个问题情境，促使学生全身心地投入到学习活动中，用心思考、诚心交流，使学习成为学生发现问题、提出问题、解决问题的过程，比较顺利地完成了教学任务，课堂教学真实有效。

互 动 对 话　如何凭借课堂教学观察分析教师的课堂教学行为？

对于课堂教学观察，你是如何思考的（你有何思考）？

如下几个问题有助于你进一步深入思考：

（1）尝试着观察同事的一节课，分析执教教师的课堂教学行为是否妥当？举例说明。

（2）在课堂教学观察中，选择师生互动作为观察点，进行一段课堂实况的分析，你能发现什么？

（3）在课堂教学观察中，选择课堂中的突发事件作为观察点，进行一段课堂实况的分析，你能发现什么？

（4）开展课堂教学观察，通常选择学生的课堂参与为突破口，进行一段课堂实况的分析，你能发现什么？

思 考 与 活 动

在下列课堂教学片段中，教师的行为反映出什么问题？谈谈你的认识。

课堂观察实录（片段）[①]：

师：（出示中队会的照片）老师要想用彩带将照片围一圈，需要多少彩带？

---

① 引自：孔凡哲. 教科书质量研究方法的探索 ［M］. 北京：人民教育出版社，2008：135. 其中的课例所用教材版本：周长（第一次课）（人教版 2006 年版　三年级上册）。

生：只要量出照片一周的长度，就可以知道需要多长的彩带。

生：量出照片的长和宽各是多少。

师：也就是说，要想知道用多少彩带，我们必须知道什么呢？

生（齐声回答）：照片一周的长度。

师：这就是今天这节课我们要学习的内容——周长。

（教师同时板书"周长"）

师：从字面上看，周长是什么意思呢？

生：周围的长度。

生：封闭图形四条边的长度。

师：人们通常把封闭图形一周的长度叫做周长。这个定义中，哪个词很陌生？

生：封闭。

师生共同辨析"封闭"一词的含义。……

师：谁来指出照片的周长？

师：与同桌共同指一指数学书的周长和课桌面的周长。

（学生分组活动，课堂气氛十分活跃）

师：在生活中，哪些地方用到了周长？

生：老师，买衣服要量腰围，这是腰的周长。

师：（出示教材中的图形）你能想办法测量出它们的周长吗？

（学生独立思考后合作交流）

生：我测量的是正方形，先量正方形的四条边，把它们加在一起。

生：正方形的四条边都相等，我们可以只量出一条边，再乘以4就可以了。

生：还可以量出长方形每条边的长度，再将它们加起来。

生：我可以量出圆的周长，我将圆对折再对折，直到折到很小，再近似地量出小边（注：实际上是小弧）的长度，把这些小边的长度累加起来，就是圆的周长了。

生（一名学生插话说）：我还可以用红领巾来测量树叶的周长，将红领巾绕在树叶上一圈，最后量一量红领巾的长度。

师：用红领巾测量？对于这个方法，大家怎么看？说一说。

学生展开激烈的讨论，最后，大家一致认为这个方法是可行的，但如果改成（几乎可以忽略弹性的）绳子就更精确了。（学生们沉浸在"胜利"后的欢乐中）

师：谁能将测量物体周长的这些方法归类？

生：测量长方形、正方形用直尺比较方便，而测量圆形物体改用绳子等工具更好。

师：也就是说，测量直线物体可以用直尺测量，而测量曲边的物体就需要借助一定的工具了。

……

通过课堂观察和课后马上进行的聚焦式访谈，我们发现，被试 2 是一位带有浓厚传统色彩的教师，比较认同接受式教学方式。例如，在教学时，她先出示和分析周长的定义，再让学生去理解和接受。而教科书一开始就呈现了一些规则及不规则的实物和图形——树叶、国旗、数学课本、钟面等实物图和五角星、三角形、长方形、正方形等图形，帮助学生直观地归纳和理解周长的一般含义，即封闭图形一周的长度。教科书紧接着提出"有什么办法知道上面这些图形的周长吗"等问题，通过让学生实际动手操作，感悟周长的实际含义。不难看出，被试 2 的这种设计不仅与教科书的设计思路正好相反，同时也不太适合小学三年级学生的认知特点。

种种迹象表明，被试 2 虽然理解教科书的编写意图，但其理解程度尚处在较低水平，仅停留在表面的理解而不能转变为自己的教学行为。

在整合教科书方面，被试 2 颠倒了学习活动与周长定义的顺序，出现了一些不协调，并且对学生体会、理解周长定义产生了直接的负面影响（如课后对一些学生进行的非正规访谈可以发现，不少学生认为"周长是老师规定的，不需要考虑它的实际意义"）。

但是，被试 2 在运用教科书中，表现出丰富的阅历，能比较灵活地处理教学中的具体情况，特别是能充分利用课堂教学中随机生成的课程资源，并将其恰当地与原定的教学任务相衔接。如，当学生突然提出"用红领巾测量树叶的周长"时，教师表现出良好的教学机智，并没有作简单的判断，而是引导学生通过全班讨论最终得出结论，反映了教师具备良好的驾驭课堂的能力和善于利用生成性资源的意识。这在课后的访谈中也能够体现出来，如："数学比较强调最简捷的方法。在课堂上，当学生提出用红领巾来测量的时候，我觉得这种想法非常好，我当机立断想办法将教学牵引到如何用简单方法的讨论上来，也就是针对用绳子来测量的可行性的讨论。当时，我直接问了学生'还有没有更加简便的方法'，学生就很自然地想到了绳子，这样的点拨可以使学生的生活经验得以更好的提升。"

通过课堂观察、课堂教学过程分析以及课后的聚焦式访谈，可以发现：

被试 2"在常规教学中基本完全遵照教材，因为既没有时间去思考，又不具备思考的能力，除非是在公开教学中，很少去思考编者为什么要这样安排"。

对于"在使用教材的过程中，你做出什么样的变化和调整"这个问题，被试 2 认为："变化不是很大。有时也会出现遵照课本进行教学后出现问题，如学生不会做练习等情况，此时，我就会将练习题放在例题的位置上进行有针对性的再教学。如果在第一个班级出现问题，就在第二个班级做出适当的调整，但有时效果不明显。基本上对教材的调整不大，主要是对教学方法的调整和改变。""原来的《大纲》下的教材没有叶子这样的不规则图形，直接导入长方形、正方形的周长公式。而现在的新教材一开始并没有这个公式，而是让学生选择自己喜欢的方法，通过动手测量计算，然后在慢慢的练习中逐步感受这个公式的简明性。我觉得改动稍微大了一点，如果保留老教材上一些基础知识，在此基础上再让学生发散到生活中会好一点，这会更符合学生的认识水平。我认为，可以保留教科书中的很多内容，八张图片、定义、小组讨论这个过程我觉得挺好的。如果再在前面加上一个生活中的情境，然后把周长的含义提前，再有这八张图片和学生讨论的各种方法。应该把周长公式拿出来放到周长定义之前。在实际教学中，如果不把公式拿出来，很多学生虽然最后用自己喜欢的方法计算出了图形的周长，但是，他就会认为自己的方法最简便……"显然，被试 2 误解了教科书的设计意图，其理解有诸多问题，有"穿新鞋走老路"之嫌。

对于"是否与其他同事一起分析教材，与他人合作使用教材"这个问题，被试 2 认为"偶尔会进行，但是平时确实没有时间进行集体备课，只是会针对某一道具体的数学题进行小范围的研讨，而没有时间进行全方位的备课"。

对于"如果对教材进行调整会产生什么样的效果"这个问题，被试 2 的态度是"效果不错，但必须有充足的时间或者有力的指导"。

综上，被试 2 使用教科书尚处在机械照搬阶段（被试既有一些误解，也有明显的、正走向常规使用的趋势），即已经有明显的行动意识，却无具体而有效的系列行动，效果不明显。

针对被试 2 已经开始想行动而不会行动的实际，一方面，我们会同区教研员对其进行了具体方法的专门指导；另一方面，引导被试 2 重点研究教科书内容解读的具体方式方法，在短时间内尽快掌握由教科书的文本形式转换为课堂教学形式的常见方式方法，提升教科书的理解水平和实际运用水平。

拓 展 延 伸　相关文献的阅读摘要

论著：《课堂观察：走向专业的听评课》

作者：沈毅，崔允漷　主编

出版社：华东师范大学出版社

出版日期：2011 年

简介：该书是大学与中小学合作开展课堂教学研究的成果。书中具体包括：为什么需要建立一种课堂观察的合作体，何为课堂观察的程序，教师如何利用课堂观察框架，进入现场观察要注意哪些问题等内容。作者探索了"课堂观察"活动的基本步骤以及实施策略。在这里，引用一些真实的案例，展示作者的探索历程。主要内容包括：故事分享（课堂观察在我校、课堂观察在他校）、问题解答（认识课堂观察、开展课堂观察、展望课堂观察）、范式创新（课堂观察框架、课堂观察工具）、课例研究。该书对于教师个体、团队实施规范、系统的课堂教学观察、教学诊断活动具有较好的指导意义。

第三章　课堂教学观察的基本理论

第四章　课堂教学诊断的基本理论①

【学习要求】

1. 理解诊断及课堂教学诊断的含义。
2. 掌握课堂教学诊断的形式和步骤。
3. 理解开展课堂教学诊断的基本原则。

提 出 问 题　如何开展课堂教学诊断？

目前，很多学校和教师已经充分认识到课堂教学诊断的重要价值，并在日常教学中进行课堂诊断的实践活动，但是，方兴未艾。

总体上看，当前课堂教学诊断存在的诸多问题，集中表现为：第一，把学校的听评课等同于课堂教学诊断，有时候是有诊断无改进的行为跟进；第二，课堂教学诊断目标的制定不明确，大多沦为学校课堂管理的附庸；第三，课堂教学诊断方式单一，形式化严重；第四，课堂教学诊断没有形成较为完善的机制，多以经验为主。

为了更好地开展课堂教学诊断，我们必须从问题着手，在科学把握课堂教学诊断内涵的基础上，掌握课堂教学诊断的基本原则和具体过程。

理 论 阐 释

一、何谓诊断

诊断原是一个医学用语，中国大百科全书数据库②对"诊断"的阐述是：

① 本章由梁红梅、王建平（沈阳体育学院）执笔完成初稿。
② http://dbk2.chinabaike.org/indexengine/indexsearchframe.cbs，2014-3-20.

"医生运用各种器械或非器械手法对人体生理状态做出的分析判断……诊断的根本依据是临床资料，赋予它诊断价值的是医生的学识和经验，认识它的本质则要依赖诊断思维。真实、全面的临床资料、丰富的学识、临床经验、科学的逻辑思维是取得正确诊断的必要条件。"

医学中的诊断大致步骤主要包括：第一步，收集资料。就是通过各种方式查询就诊者的症状，如中医的望闻问切。第二步，评价和梳理资料。对收集的资料，首先要估计它的真实性和准确性，然后一一辨别它反映的是正常还是异常。若属异常，再进一步评价它的诊断价值。第三步，联想、分析推理和判断，即在评价资料的基础上进行综合、分析、联想、推理，然后做出诊断。第四步，验证诊断。临床实践中对诊断的正确性和完整性进行验证，可采取留院观察、门诊随诊、信访或走访等方式。验证的过程也是积累临床经验的重要方法。经验证，凡是符合疾病演变规律的，或据以进行治疗取得预期效果的诊断都可以肯定为正确的；否则，可能是错误或不完整的。

医学诊断的四个步骤客观、系统、全面，迁移到其他领域中仍然具有很强的操作性。诊断应用于教育领域中，对于教育中出现的问题解决有着特有的操作效用。医学诊断中的操作方式简单易行，医学诊断的直接、高效对教育上的诊断有着很强的指导意义。

目前，诊断一词广泛运用于其他相关领域，如网站诊断、电脑故障诊断、汽车等机器故障诊断、电力设备诊断等。而运用于教育领域成为教育诊断、教学诊断，是最近几年的事，如学校发展诊断、课堂教学诊断等。

学校发展诊断是学校的重要管理活动。这项活动通常由经验丰富的学校管理领域的专家，深入学校教育教学和经营管理现场，在学校管理者的密切配合下，综合运用各类科学手段、方法，全面掌握学校运作的实际状态，发现其运行的成功与不足，进行定性、定量分析，查明问题产生的原因，提出改进和完善的意见和建议，并指导其付诸实施。

二、课堂教学诊断的含义与类别

（一）教育诊断的含义

教育诊断是诊断运用于教育领域的产物。基于医学诊断的基本内涵，我们认为，教育诊断就是观察教育现象、搜集教育活动中反映出来的问题，分析、评价存在的问题的真伪并进行归因分析，提供一系列教育问题的解决措施。

从查阅到的文献来看，较早将诊断融入教育领域中的是 1905 年法国学者比纳发表在《心理学年报》上的论文《诊断异常儿童智力的新方法》。随后，美国学者布卢姆提出"诊断性评价"的概念并论述了"形成性评价"的诊断意义。苏联学者巴班斯基在他的最优化教学理论中也曾首先提出"教育会诊"的概念。1957年，卡尔梅科娃的《学生智力发展诊断问题》一书，对学生接受能力诊断进行了专门研究。我国学者对此也有应用，如运用"教育会诊"转化后进生①等。

针对教育诊断的概念，世界各地学者有着不同的阐述。日本筑波大学教研会主编的《现代教育学基础》指出："教育诊断是诊断学习不良这一症状的原因，所以它的出发点是治疗和矫正。"② 1998年，河南学者毕天璋在《教育诊断学》一书给出了定义："教育诊断是对教育中的偏常现象进行判断并制订教育对策的理论、程序和方法。所以，在教育领域有临床诊断法，教师相应的也就扮演着临床诊断医生这一特殊角色。"③

教育诊断是教育活动的起始环节，通过对教育对象的科学判断与鉴别，为有效开展教育教学活动创造条件。推广教育诊断，对节约教育成本，有效指导学生健康发展，加快人才培养速度具有重要价值。④ 1992年，汪刘生在《试论教学心理诊断》一文中指出："教学心理诊断是指教学过程中教师在充分了解、分析和研究学业成绩不良的学生生理、心理特点的基础上，查明他们在学习过程中学业成绩呈现偏态的情况，分析其偏态产生的诱因，并提出消除偏态的方法。……近20年来，在国内外普遍受到重视，并逐渐发展成为一门介于教学论、心理学、生理学、卫生学之间的新兴的边缘学科——教学心理诊断学。教学心理诊断不同于心理测验。教学心理诊断的目的是消除学生学习偏态，矫治学生学业成绩不良，促进学生健康正常地发展。"⑤

我国对于教育诊断的研究正处于研究的初始阶段，所以教育诊断的理论并没有完全成型，同时国内系统研究教育诊断的学校较少，国外教育诊断研究的借鉴作用也不是特别明显。其次，相对于其他教育环节而言，教育诊断的操作性相当复杂，由于收集信息及辨别信息真伪的要求比较严格、困难，这就加深了对教育诊断实施主体的素质的要求力度。不得不提的是，在开展教育诊断的过程中，实施主体必须通过各种途径及教育研究方法来收集、整理教育信息，发现这些教育信息所体现的教育因素与价值，这不仅需要消耗诊断实施者大量的体力与时间，而且要求实施者具备一定的科研能力与科研素质，对于问题的

① 汪刘生. 教育会诊：转化"差生"的有效措施 [J]. 教育研究，1990（3）.
② 毕天璋. 论教育诊断学的研究对象和学科体系 [J]. 河南教育学院学报：哲学社会科学版，2002（1）.
③ 毕天璋. 教育诊断学 [M]. 成都：成都科技大学出版社，1998.
④ 李如齐. 教育诊断：教育发展的必然趋势 [J]. 江苏教育学院学报：社会科学版，2004（2）.
⑤ 汪刘生. 试论教学心理诊断 [J]. 中国教育学刊，1992（3）.

概括与总结能力必须有过硬的水平。

　　教育诊断的过程注重实事求是，必须要以真实的教学问题为诊断对象，否则诊断就失去了原有的存在的意义。同时，教育诊断重视诊断的结果。诊断的存在就是为了探寻结果，即研究学生发展的现状，获得学生发展的种种信息，而最终目的在于促进教学工作的可持续发展。

　　（二）课堂教学诊断的含义

　　课堂教学诊断是教育诊断在课堂改进中的具体应用，亦称"课堂诊断"。美国学者克拉克和斯塔尔提出："教师看到学生学习中存在的困难，精确地找到这个困难是什么，并发现产生这个困难的原因，这就是诊断。诊断之后的教学必须纠正错误的东西或补足缺乏的东西。没有诊断，教学就没有方向。"[①]

　　王增祥认为，教学诊断是诊断者依据一定的标准对实际的教学过程进行的比较和评判的活动。[②] 张伟指出，课堂诊断一般是指诊断者通过对课堂教学全过程的看（师生在教学全过程中的活动、表现、情感、态度）、听（师生在教学活动中交流发言和由此反映出的思维状况）、问（了解教师的执教意图与学生的内心感受）等手段，在理性思考的基础上，探究与发现执教教师的教学经验及特色，发现与研究教学过程中存在的问题，及时提出相关改进意见的一种教育科研方法。[③] 代天真、李如密提出，课堂教学诊断是指诊断者通过看、听、问、思等手段对课堂教学过程进行诊断，发现授课教师的教学特色及存在的问题，并提出改进策略的教育活动。[④]

　　由此可见，课堂教学诊断区别于课堂教学评价，是指在明确课堂教学偏差存在的前提下，以课堂这一特定环境内发生的由教师和学生共同生成的"教"与"学"的活动为诊断客体，对课堂教学活动进行全面考察，并在考察的基础上对课堂教学的价值偏差进行分析，最终找到偏差出现的原因，进而提出课堂改进的对策及改进计划的过程。课堂教学评价既有诊断功能，也有激励、改进等功能。

三、课堂教学诊断的主体与形式

　　（一）课堂教学诊断主体

　　在课堂教学诊断中，诊断主体的选择有着至关重要的作用。不同的课堂诊断主体，对于课堂教学诊断的方向有所不同，产生的结果也往往不同。课堂教

①　陈勤，王燕. 开展课堂教学录像法诊断，提高教师课堂教学质量 [J]. 医学教育探索，2008（6）.
②　王增祥. 教学诊断 [M]. 北京：华文出版社，1995：19，23.
③　张伟. 课堂诊断：贴近教师成长的学校科研 [J]. 基础教育，2008（11）.
④　代天真，李如密. 课堂教学诊断：价值、内容及策略 [J]. 全球教育展望，2010（4）.

学诊断的主体构成主要包括专家、教研组的同事、学校领导、执教教师本人等。

目前，中小学的校内课堂教学诊断主体主要由教研组同事和学校领导组成，而校长与上级教育行政部门的课堂教学诊断更注重教师的教学效果。当前很多学校把教学诊断作为管理教师的一种手段，为评价教师服务，但帮助教师改进与提升的功能尚未有效发挥出来，教师在教学过程中顾虑较多，并没有形成良好的教学诊断效果。在一定程度上，校长和上级领导并不是课堂教学诊断的最佳评课者，并不受广大教师的由衷欢迎（许多情况下属于无奈之举）。

无论是主观情感还是考虑客观上的教学实效，同事是教师课堂教学诊断的最主要成员。同事间的课堂教学诊断对于课堂问题的搜集更具针对性，也更容易。同事间的课堂教学诊断有助于诊断者与任课教师之间的共同进步，诊断者能够发现课堂教学中真正的问题所在，并能够在观察过程中，逐渐积累经验，并逐渐提升自身的教学能力与课堂驾驭能力。而执教教师通过同事的分析与建议，对解决教学问题的方式与方法有了更为深刻的认识，对课堂教学能力的提升也更有效果。同事之间相互的课堂教学诊断，有助于学校教师群体的整体教学水平及教学科研能力的提升，更有助于学校校本研究的开展。

虽然学生不是专业人员，但学生直接参与课堂教学活动，教师的课堂表现学生最为清楚，也最为持久。因此，学生可以间接地参与到课堂诊断中来，为诊断者提供更多的课堂反馈和感性资料。实践中可以通过学生问卷、座谈、测验等方式，了解学生对课堂的认识和看法。

高效的课堂必然深深"烙"上教师本人的教学个性和教学风格：驾驭课堂的能力如何，在课堂上是否实现了教学目标，课堂时间是否被充分利用，学生在课堂上得到了哪些发展，等等。教师本人的亲身感受和课堂反思至关重要，来自教师自身的课堂教学诊断有助于教师从自身的角度来审视自己的教学，虽然教师对于自身的诊断是有难度的，但自我诊断本身也是教师专业能力的重要组成部分，在提升教师自我意识的同时，必须强化自我诊断的意识和能力，切实提高教师自我诊断的方法和技巧。

此外，包括教研员在内的专家，是课堂教学诊断中的智慧主体，对于那些拥有丰富的课堂研究经验和深远的课堂洞察力的专家尤其如此。当前，中小学校非常注重校本研究，如何切实有效地发挥专家的专业引领作用，将智囊团的资源利用最大化，有效规避"只缘身在此山中"的弊端。对此，课例、观课、同课异构、研讨课等方式，可以实现教师与专家面对面的互动、交流。专家独特的思考视角和恰当的点评，往往会让教师拨云见日、恍然大悟，在共同思考、分享、讨论、反思中共同进步，改变课堂。

当前，学校日常层面的课堂教学诊断，其形式多种多样，而每一种课堂教学诊断都有其特殊的作用和价值。在开展课堂教学诊断过程中，必须有针对性地加以合理使用、优化组合。

1. 课堂教学诊断的常见形式

（1）教学会诊。面对课堂教学中的突出问题，特别是共性问题，教师通过集体讨论（可以邀请专家参与）或就某一教学问题进行讨论，做出鉴定，进而提出切实可行的改进措施的方法。一般包括这样五个环节：①明确会诊目的；②确定会诊参加者；③由任课教师、教研组长或学科组长详细说明课堂教学情况和自己的看法，并列举理由；④组织集体讨论，广泛交换意见；⑤为课堂教学问题作出鉴定，提出有针对性的改进措施。

（2）学科测验。学生学科测验是课堂教学诊断的主要形式之一。这是学校评价教师课堂教学质量优劣的主要方式之一，也是最为常见的方式。学科测验不仅可以反映教师的教学过程，更重要的是可以通过学生的答题情况诊断出教师对课堂教学目标的把握程度以及对学生的关注程度。所以，每次测验结束，学校都非常注重教师对测试试卷的分析，以发现教学和学生学习中存在的问题与不足。

（3）学生评教。学生是课堂教学活动的直接参与者，对课堂教学活动的体验比较深刻，对课堂教学的优劣具有发言权。课堂教学是为学生更好的发展而设计的，学生的感受与需求是否得到满足对课堂改进至关重要。科学合理地开展学生评教，有助于从学生的角度发现课堂教学存在的问题，这种诊断方式及时有效，更富有针对性。但是学生评教的缺点也不容小视，学生评教可能使教师对学生的要求过低，某些"放任型"教师往往更受欢迎，在一定程度上影响教学诊断的信度和效度。

（4）听课评课活动。听课评课活动是学校课堂教学诊断最常见且教师认为是最为有用的诊断形式，主要包括分数式、等级式、分析诊断式及评语式。目前在学校中分数式及等级式占据主导地位，但教师欢迎的并且受益匪浅的是分析诊断式。听评课是先由听课者对课堂进行仔细观察，洞察到很多值得探索和深思的方面或环节，然后对其执教教师课堂教学的得失、成败进行评议的一种活动。开展听课与评课课堂教学诊断活动，有利于指导教师不断地总结教学经验，形成教学风格，更有利于课堂信息的及时反馈、评价与调控，调动教师工作的积极性和主动性。

（5）教学研讨活动。在日常的教学研讨活动中，教师间相互探讨教学内容，发现自身教学的缺陷，积累教学经验，提升课堂教学质量。从一定意义上说，课堂教学诊断得益于日常的教学研讨活动，日常的教学研讨活动为课堂教学诊断提供了丰富的研究问题与研讨空间。

（6）教师针对课堂教学的自我反思。课堂教学诊断最为理想、最为成功、最高的境界在于促使授课教师形成自主诊断的能力与习惯。教师反思的内容是多方面的，如课堂上学生的学习行为表现、教学理念的设定、教学技术的应用等方面，或者从不同的角度反思，如：从学习者的角度反思，从学生的征询中反思，从与同事交流中反思，有助于教师及时发现课堂教学中出现的各种问题，通过教师的整理与合理分析得出课堂教学中真正的问题及困难所在，并且通过各种途径寻求问题解决的办法。

2. 课堂教学诊断的常见方法

对于课堂教学问题的诊断，可以采取望、闻、问、切四种基本方法[①]：

（1）望，即观察，是指针对课堂教学中的现象、教学进程进行细致、周密的考察、调查，也可以理解为是一种查看体验活动。

（2）闻，即以学校一员的身份，深入实地、静心"闻"而不"语"。

（3）问，即访谈，又称晤谈法、研究性交谈，是以口头形式，根据被询问者的答复，搜集客观的、不带偏见的事实材料，以准确地说明被访谈者对某些问题的观点和看法。访谈可以采用"一问一答式"，也可以采用"自由提问式"。

（4）切，即专门调查，亦即制定某一计划，全面搜集研究对象某一方面的相关材料和信息，并做出深入分析、综合判断。在课堂问题的专门调查中，有时需要辅以问卷调查。

四、课堂教学诊断的具体操作步骤

课堂教学诊断的具体操作步骤大致分为三个环节：一是课堂现场观察——发现课堂中出现的问题；二是评价课堂问题——辨别问题的真实性与准确性，然后分别辨认，确定出课堂问题中的正常问题与异常问题；三是对问题进行分析判断——即在评价课堂问题的基础上进行一系列的综合、分析、推理，最后确定课堂问题出现的原因。

（一）课堂现场观察

课堂现场观察在于搜集课堂教学中的经验与问题，这些问题的存在正是课堂诊断的前提。课堂现场观察的前提是教师对课堂教学的驾驭能力，教师应学会运用科学的方法来发现课堂教学中出现的问题，而不是等待问题的出现或是制造教学问题进行研究。

---

① 李中华，孔凡哲. 数学课堂教学问题诊断与案例改进研究 [J]. 中国教育学刊，2011（11）.

（二）深入分析、评价课堂存在的问题

课堂教学中的问题由于其性质、地位与作用不同，分析、评价这些问题时需要具体问题具体分析。某些课堂教学问题，未必是课堂教学的常态，有可能仅仅是课堂教学中出现的偶然现象，对于这些问题，专家型教师的处理往往非常灵活，不会投入过多的时间与精力；而许多重要问题虽是偶发在课堂教学之中，却需要教师认真对待，及时正确地评价与反思，总结问题出现的原因与解决经验。

（三）根据课堂教学问题的性质做出判断

教师通过对课堂教学问题发生的前因后果进行细致的思考与加工，对课堂教学问题有着更为深刻的认识，同时运用综合、分析、联想、推理，最后确定课堂问题出现的原因。在这个步骤中，教学问题得以解决。此时，课堂教学诊断告一段落，但这并不意味着教学诊断过程的结束。课堂教学诊断在于教师对于课堂教学问题的归纳总结与提炼升华，同时也在于教师对自身的教学活动的及时而经常性的反思。课堂教学诊断是一个周而复始、循环往复的过程。

五、课堂教学诊断的若干优化措施

为了使课堂教学诊断的实施效果最优化，有学者[①]提出若干优化措施。

（一）在课堂诊断之前，诊断者必须具备扎实的专业基础，充分了解拟诊断的内容

首先，课堂教学诊断是一项专业活动，进入课堂场景进行观察及针对问题进行归因诊断的过程中，诊断者不仅仅是专家，还包括业务领导、同行及教师，只有从课堂教学的专业视角，才能保证课堂观察的有效性和问题诊断的准确性，从而确保指向实践改进的"处方"具有针对性。

其次，课堂教学诊断的起点应当是进入课堂前对要观察的教学内容以及本节教学内容所要达到的目标的充分了解。这种充分了解是诊断的基础和准备，它使诊断有了针对性，同时也有了对课前计划和课中实施过程进行比较的依据。本着客观性原则，在扎实的专业理论和对教学内容充分了解的前提下，基于充分的真实信息做出的课堂教学诊断，才具有显著效果。

（二）实施课堂教学诊断要在激励性言语下，指出存在的问题，给出改进建议

诊断者要首先肯定教师的教学劳动，要挖掘教师教学中的闪光点和亮点，发掘教学特色，对课堂教学中出现的问题与不足，要以诚恳的态度，以商榷的

---

① 代天真，李如密. 课堂教学诊断：价值、内容及策略［J］. 全球教育展望，2010（4）.

口吻，多以建议参照、少以批评指责的语言进行指导，七分肯定和鼓励、三分建议。只有当诊断者与被诊断教师处于融洽氛围及平等地位时的课堂教学才更真实，课堂教学诊断才更实效。否则，就会导致诊断者与被诊断教师关系紧张，使得教师在被诊课堂教学中不能以真实、自然的课堂教学面貌呈现在诊断者面前，使得我们的课堂教学诊断处于"失真"状态，这既不利于教师教学行为的改进，也不利于教师自主性课堂教学诊断力的发展和提高。

（三）实施课堂教学诊断需要行为持续跟进研究

课堂教学诊断强调连续性效果，注重过程的发展和变化，突出前后诊断效果的对比，随时掌握过程的运行情况，发现存在的问题，及时找出原因，加以解决。课堂教学诊断并不是随意的，诊断完一节课就以为大功告成，这是对课堂教学诊断的片面理解。诊断出的问题往往是教师形成的一种习惯性问题，改掉习惯性的问题需要长期坚持。实施课堂教学诊断需要我们的行为跟进研究，不仅被诊断者要有行为的跟进提高，诊断者更需要有计划地跟进监督和跟进诊断。

（四）实施课堂教学诊断要建立一种良好的诊断机制

为了使课堂教学诊断更有依据，富有成效，我们必须努力建立相对完善的课堂教学诊断机制，即在走向诊断课堂之前的准备，到诊断课堂之后的行为跟进，有一套相对稳定的程序或规则。有了良好的诊断机制，使得我们的课堂教学诊断有"据"可依，同时为一些"新诊断者"走向诊断课堂之前提供初步的诊断准备，摆脱起初的不知所措。在建立良好诊断机制的同时，要赋予它一定的灵活性，不能以"教条"处之，这也是课堂教学丰富性的内在要求。

案 例 运 用

案例1　走向深刻、规范的课堂教学诊断①

（一）课堂实录

为了更好地了解初中数学教师课堂教学的实际状况，我们于2011年5月6日在某市S中学开展了"同课异构"活动，教学内容是人教版数学八年级下册"矩形"第一课时。

---

① 引自：李中华，孔凡哲. 数学课堂教学问题诊断与改进案例［J］. 中国教育学刊，2011（11）.

在导入新课后，教师首先请学生回忆平行四边形的研究思路及性质，而后演示平行四边形教具，引导学生得出矩形的概念。此时，教学进入了矩形性质的学习阶段，教学活动的主要环节概括如下：

第一环节：教师抛出三个问题：

（1）类比平行四边形的性质，猜想矩形有哪些性质？

（2）把所得结果写在一张纸上，一会儿到讲台前交流。

（3）同时验证你的猜想。

第二环节：学生展示猜想、性质、结论。（生1、生2展示猜想）

第三环节：学生验证猜想。（生3度量法、生4旋转法、生5全等法、生6勾股定理法、生7直观判断法）

整节课似乎比较顺利，一切都在按部就班地进行，但整节课的课堂气氛沉闷。参加观课、评课的教师一片茫然，对于这种真实存在的课堂，有必要进行深入的教学问题诊断。

（二）案例诊断

用"闻"诊断"对归纳推理的过程理解不清"这个问题。

在上面的案例中，通过分析《数学课程标准》对"矩形"课程教学目标的界定，分析人教版数学八年级下册"矩形"第一课时的编排思路，综合考虑学生实际，可以发现"矩形的性质"这节课的教学目标在于：

（1）让学生经历探索矩形的有关性质的过程，在直观操作活动和简单说理过程中，发展学生初步的合情推理能力与主动探究的习惯，使学生逐步掌握说理的基本方法。

（2）探索并初步掌握矩形有关内角、对角线的基本性质。

（3）初步运用矩形的概念与基本性质，分析解决简单的问题，进一步培养学生良好的数学学习兴趣，进一步体会数学与相关内容之间的密切联系。

带着这样的前期准备，我们深入前文案例所述的课堂，"闻"而不"语"：

在明确给出"有一个内角是直角的平行四边形叫做矩形"的概念之后，教师引导学生猜测"发现"矩形对角线的性质。

师：对于"对角线相等"，你有哪些验证方法？

生3、生4、生5、生6、生7依次给出了"度量法"、"旋转（重合）法"、直角三角形全等法、勾股定理法、直观判断法（即观察平行四边形教具的变化过程，由于教具的四条边框被固定在可以转动的钉子上，长度保持不变，而内角可以变大变小，挂在相对顶点上的皮筋有时紧，有时松，当两根皮筋一样松紧时，四个内角都是直角）五种方法，验证"矩形的对角线相等"。学生活动很积极，教学进展很顺利（一切尽在"教师的掌控之中"，如同课前的预设）。

但是，在验证"对角线相等"的过程中，"度量法"、"旋转法"、直观判断法，是真正的"验证方法"吗？为什么必须让学生猜想、验证？直接给出结论不行吗？

带着这样的问题，我们在心中默默地"闻"、自我发问，并在心中做出自己的判断：

首先，对五种验证方法"平均用力"，不加区分而一律充分肯定的做法是否合适？其次，教师是否有必要让学生经历猜测的过程？最后，动态的探索过程对于学生理解和掌握矩形"对角线相等"的性质是否有帮助？

我们的初步结论是：对五种验证方法不宜"平均用力"，而应在保护学生自尊、自信的前提下加以区分，以其中的核心方法给出有理有据的分析；让学生经历猜测的过程，获得有关推理的直接经验和体验，对于学生的几何直观和推理能力的发展至关重要；同时，动态的探索过程对于学生理解和掌握矩形"对角线相等"的性质大有益处。

我们注意到，课堂观察诊断中的"闻"必须"静"而不"语"，其重要目的在于，确保观察者不干扰课堂教学进程，同时，将"学生"放在"闻"的焦点。毕竟，学习方式是确保学习效果的基本前提。针对学习方式的诊断，必须审视，课堂中学生的学习方式是否以主动操作、探索发现、合作交流为主，是否真正将学生学习方式的转变放在首位，是否引发学生开展积极的、深层次的数学思考。

案例 2　合作式课堂的诊断[①]

（一）课堂情景呈现

《我们为祖先而骄傲》是五年级上册的一篇课文，一位教师以小组合作学习的方式开展了如下教学活动。

课前，教室内已布置好环境：3～4 张课桌拼在一块，以 5～6 人的小组为单位，一个班级分成 8 组。

师：中华大地人杰地灵，人才辈出，给我们留下了丰富的文化遗产，今天我们来聊聊你所了解的名人。课前同学们搜集了许多名人的资料，下面请结合学习要求进行小组合作学习。

（出示要求）（1）说说你了解到的名人。
　　　　　　（2）谈谈名人的简要情况。

① 本例节选自：吴永军，王一军. 小学品德与生活（品德与社会）课堂诊断［M］. 北京：教育科学出版社. 2005：197—204.（略有修改）

（3）讲讲名人故事。

各小组开始合作学习，学生拿出事先准备好的资料，有的拿资料诵读，有的交头接耳。教师巡视，大致看看各个小组是否有资料，简单地交流两句。5分钟后，在教师的示意下讨论结束。又开始了大堂交流：把了解到的名人的名字写在纸条上，然后贴到黑板上，比一比哪一组查到的名人最多。

师：在这么多名人中，你觉得哪个名人挺了不起的，为什么？

（教师指名某同学，该学生拿着资料朗读，读的不是很流利，也没有什么感情。有些学生迫不及待地举手，不断地站起身来，有的学生东张西望，看着坐在旁边听课的教师，还有些学生在下面窃窃私语。教师站在一旁专注地听着学生的朗读，不时地点头，并给每一名学生做出肯定的评价）

师：从这些同学的交流中，确实感受到这些名人是很了不起的，相信在这么多名人中肯定发生过许多故事，下面就来讲讲名人的故事，比一比哪一组讲的故事最生动。

（教师让学生先小组内互讲，然后选出代表。教师再依次让各组代表站起来，照本宣读事先准备好的资料，读完后教师进行简单的点评）

师：谁能说说哪位名人的故事最吸引你，为什么？

学生又一一交流，然后教师总结。

（二）案例分析与诊断

这是一个小组合作教学的课堂案例。小组学习成为当前课堂教学方式的重要组成方式，但这样的合作学习究竟能不能起到应有的效果，值得思考。

小组合作是否就是将几张桌子拼在一起、四五名学生凑在一块儿就可以了呢？这种形式化的"小组教学"在表面热闹的同时，并没有真正达到小组学习应有的效果。

在上述案例中，教师精心营造出课堂合作的氛围，以小组为单位摆放课桌椅，每个小组按教师的提示进行类似预设好的程序活动。这种"形式"的小组合作学习，并没有达到小组合作学习期望达到的互动、互助、协同、整合、求新、辨析、评判和表现等诸多特点，最多可以称之为小组讨论式的合作学习，并非真正的全部意义上的合作学习。之所以出现这种情况，主要原因在于，教师在学习某种教学方式的过程中，往往只顾及表面，没有深层次挖掘各种课堂教学方式的真谛。

（三）课堂改进建议

在小组讨论的基础上开展小组学习需要着手解决以下几方面的问题：

首先，帮助学生掌握合作的必要技能，形成认同感。学生必要的交流交际能力是必不可少的，同时需要教师鼓励学生学会倾听他人，以及轮流发言的重要性。

其次，教师应细心挑选和设计小组合作学习的任务。不是任何一堂课都适合小组学习的，需要教师挑选有价值的、值得进行小组合作学习的课。教师必须要有设计合作学习的课堂驾驭能力，活动课不应该成为"换汤不换药"的普通课，合作学习需要给予学生适度的挑战性，激发学生的团队意识与合作热情。在与同学的交流与思维碰撞中，学生逐渐地感受到团队学习的重要，开始尊重他人，开始从他人那里得到想要的知识。

第三，教师在开展合作学习时，应该加强对小组合作学习的控制。这种控制是一种合理性的指导，在于及时纠正教学过程中学生出现的偏差行为，使课堂教学任务及时正常完成。

最后，教师还要合理运用有效的评价来促进学生合作的效能与成效的提高。教师评价应该有针对性、导向性，关注小组合作学习的有效性。

当然，这个案例是针对课堂常用教学手段——小组合作教学的诊断，同时我们也可以将这些诊断的方式方法运用到常用的课堂教学活动中，促进教学活动的有效开展。

案例 3 "转误为悟"的课堂诊断

（一）课堂情景呈现[①]

在冬日的午后，教室里满是阳光的味道，窗外玉兰花的叶子绿得鲜亮，我正在和孩子们一起学习《宋庆龄和她的保姆》这篇文章。待孩子们理解课文内容后，我让孩子们谈谈自己读后的感受。停顿片刻，孩子们陆续举手。"宋庆龄对她的保姆非常信任，她为革命四处奔走，经常把整个家都扔给保姆。""宋庆龄的卧室，除李姐外，任何人都不得进入，可见她对李姐的信任程度。""宋庆龄对李姐非常尊重。如：吃饭时让李姐坐上座；为李姐设计墓地，并安排她进自家的陵园；等等。""李姐对宋庆龄也很忠心，敌人想方设法引诱她，李姐绝不出卖宋庆龄。"孩子们纷纷陈述自己的感受。"你们说得好极了，是的，宋庆龄能平等对待保姆，保姆对自己的主人也是忠心耿耿。"我兴高采烈地进行小结，准备进入下一步教学。

"那是狗！"这时，我听到一个不和谐的声音，原来是机灵鬼余永睿。我心中一怔："孩子怎么会这样想呢？不行！"我盯着余永睿，愤然地说："那课文里面有没有把李秀娥比作狗来写？""没有！"众生大声答道。"知道为什么吗？"

---

① 本例节选自：林高明. 课堂观察：顿悟的艺术［M］. 福州：福建教育出版社，2008：131，132.（略有修改）

我稍微缓和了语气。"这是一种赤诚，不是那些走狗为了讨好主人百般谄媚，所以秀娥不是狗。"一个孩子站起来说。"我对永睿同学的这种说法表示愤懑，希望永睿同学把课文再读一读。""我……"永睿欲言又止。"别再说了，你把秀娥看作一条狗是对秀娥的侮辱。宋庆龄作为国家领导人都十分尊重她的保姆。"我余怒未消，粗暴地打断了永睿的话。这时，同学们也纷纷转向永睿，斜着眼，晒视着他，永睿满脸委屈。

下课后，我坐在讲台前休息，永睿的同桌慢慢地蹭过来，小心翼翼地对我说："老师，您刚才误解永睿了，他正在座位上哭呢！""哦，我怎么误解他了？你说说。"我觉得奇怪。"永睿认为，老师您说'李秀娥对自己的主人忠心耿耿'，你不应这样说。如果秀娥称宋庆龄为主人，那秀娥就是狗了。因为只有狗才有主人，秀娥应该称宋庆龄为夫人，才能体现他们之间的平等与情意。""天哪，孩子说得很有道理！我怎么没想到呢？孩子心灵深处蕴藏的那份情是多么细腻。孩子是伟大的，我应该向他们学习。'教学相长'，古人说的就是这个道理。"我想，我现在应该作的第一件事就是向永睿道歉，请他原谅我，我错误地"闭上"了自己的耳朵，没有耐心地听取这"不和谐"的声音。

第二节上课时，我当着全班同学的面，为永睿同学擦去眼泪，并郑重地向他道歉，还称他为自己的老师。永睿同学破涕为笑，孩子们一片惊讶。然后，我引导孩子们区别"夫人"与"主人"的不同。"秀娥称宋庆龄为夫人，可见她俩之间感情挚深，亲密无间，正如书中所说的亲如姐妹。""对，如果秀娥称宋庆龄为主人，她俩之间等级就很鲜明，纯属主仆关系，感情也显得疏远……"同学们越说越有理，通过"主人"与"夫人"的比较，孩子们读出和自己思想情感相通的人物形象，甚至读出触动自己心灵的一份感情、一段历史……

（二）案例分析与诊断

教师在教学中难免会出现种种错误，有些错误是不曾遇到的，而这些细小的错误往往影响教育教学活动的开展，影响受教育者对知识的领悟及思想认识。同时在课堂上错误地评价一名学生，会影响学生情感世界的健康发展。

师道尊严固然重要，但在正确的教育价值导向面前，师道尊严可能就是一种顽固不化或是误人子弟的代名词。教师尊重自己的荣誉，注重自己的威信，更应该真正理解什么样的教育才是最值得推崇的，是传授正确的知识与良好的价值导向。

案例中的教师之前没有很好地了解到永睿同学的真正想法，以自己的固有思维方式考虑课堂问题，直接进行了错误的终结性诊断，损伤了永睿同学的读书兴趣与思维特征。如果没有永睿同桌的"上访"，教师事后没有深入思考自身课堂教学出现的问题，这将是一堂失败的教学课，"主人"这个词的影响将深入课堂中许多同学的生命姿态、思维特征、情感世界。教师通过学生的及时汇报，明白了自己对课堂问题思考的不足，并及时引导学生、纠正教学中出现的错误，这是非常可贵而又彰显教师职业荣誉的。

在课堂教学中，教师不能一人独大，自认权威，而应该积极主动地调动每一名学生的积极性，能够及时了解教学过程中出现的种种问题及学生的思想倾向。这需要教师拥有真正的教育与科研相结合的心理趋向，真正将自己和学生的思路交融在一起。对于课堂问题的出现更应该考虑多方面的影响因素，尊重学生的主体地位，及时通过自评与他评反思自己的教学行为和课堂表现，努力成就自身科研型教师的定位。慎记：慎待教学中每个小节错误，通过课堂教学观察与诊断来转误为悟。

案例 4　课堂教学问题解决的诊断案例[①]

（一）研究问题

基于新课程"参与社会和学会做人"的目标要求，中小学思想品德的教学要进行超越说教、还原生活、触及心灵的多种途径的探索实践，以探索思想品德教学的有效方法，形成思想品德教学的理性认识。为此，以"超越说教"为课堂教学改变的起点，安排同一教师、选择同一单元内容、在不同班级进行了连续三次的教学创新探索，每次课结束后及时进行问题发现、原因诊断和改进策略的研讨，终于使课堂一次比一次精彩，最后总结提炼出了基于研究专题的结论与观点。

（二）第一次研究课

第一次课执教教师选择的是浙教版《品德与社会》五年级上"让我们同行"一课，教学目标是让学生认识相互帮助在生活中的重要性，懂得帮助他人就是帮助我们自己，要愿意帮助需要帮助的人，学会同学之间相互帮助。

教师设计了四个环节：游戏导入，感受助人的重要；故事讲述，体会助人的快乐；视频播放，重温助人的感动；格言汇聚，表达助人的意义。

1. 课堂教学出现的亮点

（1）教师采用了游戏活动、故事讲述、视频播放、格言汇聚等多种策略进行教学，课堂气氛活跃，较好地突出了教学主题。如教师采用游戏导入策略，让学生蒙上双眼，在没有任何人帮助的情况下绕教室走一圈，随后又鼓励被蒙

---

① 本例节选自：胡庆芳. 思想品德有效教学策略的课堂实践研究 [J]. 思想理论研究，2004（24）：52—56.（略有修改）

双眼的学生在其他同学的积极帮助下再走一圈。游戏结束，教师让该生说出两次"摸索前进"时不一样的感受。学生在第一次的"紧张、害怕"到第二次的"放松了许多"的对比中切身体会到了帮助的重要性，这样便很自然地导入了当堂课的主题。

（2）课堂教学层次清晰，教师围绕主题比较好地实现了对学生步步深入的引导。教师把教学目标化解成以下几个环节来落实：首先是以游戏活动的方式感受帮助的重要性；其次是以故事讲述的方式体会自己得到帮助时的快乐、自己帮助熟悉的人时得到的快乐，以及体验陌生人帮助陌生人时表现出来的快乐，从而引导学生体验从小爱到大爱的人性温暖；最后是总结有关帮助的认识，从而实现认识的升华。

2．课堂教学存在的不足

（1）教师在故事讲述环节所用的时间较长，学生停留于一件件小事的列举，透过这些平凡小事获得快乐体验的表现还不明显。如教师为了让学生体会帮助别人和得到别人帮助时都会感到快乐，以及"帮助别人就是帮助自己"的道理，请了7名学生面向全班讲述了7个故事，教师接着也讲了一个故事，两个部分共用了9分钟时间。其中学生的故事基本上都是一句话，如"有一道题不会做，是同学帮助我才得以完成"，"一次忘了带橡皮，同学主动借给我用"，等等。

（2）教师在有些环节没有很好地把握促进学生体验生成的机会，使课堂缺少了可能会有的更多的精彩。如在学生讲述帮助他人的故事时，有同学讲到自己给汶川地震灾区的小朋友捐了款，这时有很多学生纷纷表示自己也捐过，气氛变得热烈起来。这时，老师没能抓住机会挖掘学生当时最真实的情感是，接下来继续的是其他小事的列举。

（3）课堂教学以"写互助格言"作为结尾，没有很好地总结和展现学生通过教师超越说教的多种策略教学的尝试，从而引发属于学生的理解与感悟，没有针对学生的不正确理解进行及时、恰当的引导。

（三）第二次研究课

1．课堂教学发生的变化

（1）课堂上教师进一步完善了第一次课已采纳的教学策略，并增加了新策略的尝试，使围绕主题进行情感渲染的力度进一步增强，学生的心灵受到了更强烈的震撼。如在前文描述的导入游戏中，为了使学生切身体会到帮助的重要性，特别明确了游戏规则，学生在进行第一次试走时，其他同学不能有任何提示。再如，在播放公益广告《平安中国》的环节，教师首先把这个故事饱含深情地讲述了一遍，为激发学生的情感进行了"预热"："在一个夜深人静的夜晚，一个小女孩骑着自行车回家。当时大街上空无一人，小女孩越骑越害怕。

骑着骑着，连街道两边的灯也熄灭了。呼呼的风声吹得小女孩心里直发毛。当时，她越想越害怕，于是开始唱歌以给自己壮胆。正当她骑到一个拐弯处的时候，突然发现前面卖夜宵的老爷爷居然还在那里。"接下来再播放整个视频，让学生经历更直观的视觉冲击和感动。此时此刻，"帮助在生活中很重要"和"得到别人的帮助会感到很快乐"已在每一名学生的心里有了深深的体验……

（2）教师以问题为引导增加了学生表达情感的机会，不少环节都收获了意想不到的精彩。如在故事讲述环节，一名同学讲述了在一次跑了 400 米比赛后有同学帮助了他。教师马上问："怎么帮你的?"学生说："搀扶了一段，还给我倒水喝。"接着老师又问："当时你有什么感受?"学生说"我觉得很高兴。"老师接着问："对帮助过你的同学有什么话要说吗?"这位同学激动地说："××同学和××同学，感谢你们有力的搀扶，还有解渴的水，我的奖牌有你们的一半……"

2．课堂教学存在的不足

（1）教师在教学过程中也存在直接替学生表达的情况，引导得还可以更充分一些，让学生有感而发或许效果会更好。如在导入环节的游戏，当被蒙双眼的学生在同学们的帮助下完成闯关游戏后，教师问提供帮助的学生有什么感受时，见同学们没有马上回答，就自己直接感叹道："帮助别人也是很快乐的事情。"在讲述故事（一位登山者在暴风雪中迷了路，又发现了另一个比自己状况更糟的登山者时，毅然停下脚步施以援手，得到帮助的是一位气象学家，结果在后者的专业指引下，两人终于走出了困境）后，教师没有让学生仔细体味，而是自己表达了故事要表达的主题"有时候，帮助别人就是帮助自己"。

（2）课堂上教师采用的材料几乎都是正面反映一个积极的主题，让学生直接地有感而发，而没有给学生经历一个由认知冲突到价值判断，最后做出正确行为选择的机会。

3．课堂改进可能的建议

（1）选择一个有代表性的反面例子，让学生去评说，从而提高他们明辨是非的能力。如，街上看到"指路两元"的牌子，某同学说"我帮助别人，别人却没有帮助我"的困惑等。

（2）抛出一个话题："帮助，需不需要回报?"让学生展开讨论或进行辩论，增进对"帮助"主题的理解。

（四）第三次研究课

1．课堂教学发生的变化

（1）教学策略进一步拓展，通过多种教学策略的协同运用，学生经历的感动此起彼伏，课堂教学深入人心。在游戏导入的过程中，教师看到蒙眼送花的学生碰到障碍物的时候，主动扶着学生的手说"我来帮你"，绕过第一个障碍物后，过道旁的学生纷纷伸出援手引导该同学前行，真正完成了一次爱心"接力"。该同学深有感触地说："有别人的帮助真好，我很安心。"两名学生主动帮助脚扭伤的同学上下楼梯长达一个月，他们说："同学有困难，我们帮助他是应该的。"一名同学交流说："一次我把新买的尺折成两半分给同学用……"在最后写感言环节，出现了"发自内心去帮助别人，就不要去想回报"，"帮助别人就是为了让别人快乐"，"帮助别人，别人感到了快乐，我会更快乐"……

（2）新尝试的策略即小组讨论把对"帮助"主题的理解引向深入，学生的认识境界得到了实实在在的升华。在小组讨论环节，执教教师讲述了一名学生的困惑：班上有一位平时非常热心帮助同学的学生，最近在自己需要帮助时，他平时帮助过的同学却不愿意反过来帮他，他感到很困惑，不知道自己是应该继续帮助同学还是从此不再帮助。请同学们小组讨论一下，给这位同学出出主意。

2．经过讨论，学生表达了各自的看法

生1：以后即使他不帮我，我还是会帮他的。如果大家都不帮助，这样下去不好。

生2：不应该帮助他们，因为他们不愿帮我。

生3：还是继续帮他们，人终究是会被感动的。

教师抓住时机又组织一个帮与不帮的举手表决，几乎全部学生举手表示愿意帮助，于是教师引导：既然有这么多的同学还是选择帮助，"看来帮助别人是不需要得到别人的回报的"。

当然本次课的有些教学环节还略显仓促，交流还没有充分展开。如，在讲述自己的爱心故事，并要求用简笔画画出来贴进爱心小屋的环节，学生的交流还不充分，有的同学的画没有全部画完，教师就开始宣布全部汇报。

（五）三次课演进的脉络

第一次课的情况是：教师尝试多种教学策略，学生的参与积极主动，但学生真情实感的激发还不够，充分细致的表达比较欠缺；第二次课发生的变化是：教学策略更加优化，情感体验表达提升了，但是让学生通过正面事例体验的比较多，不同观点的碰撞还不够；第三次课的亮点在于：教学策略更加丰富，话题讨论升华了主题，当然各环节还可以更紧凑些，学生交流还可以更充分些。

（六）形成的共识与结论

1. 思想品德教学可以尝试的六个实践策略

（1）以故事讲述的形式让抽象变得具体。

（2）以问题引导的形式让生成更加鲜活。

（3）以图片视频的形式让视觉感受冲击。

（4）以音乐歌曲的形式让心灵经历感动。

（5）以专题讨论的形式让思想碰出火花。

（6）以活动表演的形式让体验者有感而发。

2. 思想品德教学要促进五种策略的完善

（1）在谆谆教诲过程中突出师生的心灵对话。

（2）在"以理服人"的教育引导过程中注重柔性的"以情动人"。

（3）在书本学习的过程中辅之情境领悟。

（4）在促进领悟的过程中强调外在的表达。

（5）在表达的过程中增设具有矛盾冲突的价值判断。

3. 思想品德教学要追求四个阶段的提升

（1）从教师的讲解提升为学生的理解。教师的讲解属于教师自己的见解与认识，而学生的理解才是课堂上学生的实际获得。

（2）从学生的理解提升为主体的行动。学生的理解属于认知层面，学以致用才真正体现出知识学习的价值。

（3）从主体的行动提升为处世的习惯。主体一次的行动也许并不难，难就难在能够成为一贯的处世习惯。

（4）从处世的习惯提升为人生的信念。习惯也可以因外部要求而不断操练形成，所以能够形成主体自己的信念并主动维持才是最重要的。

互 动 对 话　课堂教学诊断应该如何进行？

一、关于课堂教学诊断的含义与类别

课堂教学诊断不同于日常的听评课，也不同于教学评价。关于课堂教学诊断的含义你理解了吗？其形式有哪些？对于课堂教学诊断的开展，你有哪些想法？下面几个问题有助于你进一步深入思考：

（1）课堂教学诊断不是听评课，但听课评课是课堂诊断的一种形式，对这一问题你是如何看待的？

（2）为什么说透过对学生学科测试试卷的分析也可以进行课堂诊断？你采

用这种方式对自己的课堂诊断过吗？举例说明。

（3）本章中的案例分析对你进行课堂教学诊断有何帮助？除了本章呈现的分析视角，你对这些案例还可以怎样诊断？

二、关于课堂教学诊断的主体与步骤

（1）进行课堂教学诊断，掌握一定的步骤很重要。本章中所谈到的诊断环节你是否能够理解并认同？

（2）结合实例谈一谈你们学校是如何进行课堂教学诊断的？

（3）如果对你的课堂进行诊断，你认为诊断主体应该由哪些人构成？学生是否可以作为主体之一对教师的课堂进行诊断？说出你的理由。

三、关于课堂教学诊断的原则

中小学进行课堂教学诊断，要遵循一定的原则和要求，建议在开展课堂诊断时考虑以下原则：

（一）尊重性原则

在课堂教学诊断中，我们应该秉持尊重性的原则。我们要尊重教师的工作努力及教师的生存处境，从教育管理工作者的视角看教学诊断，领导者应该给予教师充分的发展空间，尊重教师的工作成绩，不能用单一的、一成不变的模式与标准来限制约束教师。尊重教师课堂教学的主导地位。教师自身开展教育诊断研究的过程，应该努力追寻自由、自信、创造及尊重之间的关系，教师教育诊断的运用不能是冰冷的工具的使用，更不是简单的师生课堂评判，而是一种尊重之中共同提升的体验。教师在努力扩展自身能力的同时，体会教育的真谛。

（二）鼓励性原则

开展课堂教学诊断的目的在于课堂问题的解决，在于提升诊断者问题发现及问题解决的能力。课堂教学诊断改善课堂教学质量，促进教师的专业成长，因此不能把简单粗暴的方式与课堂教学诊断对等。课堂教学诊断的过程中，诊断者要细心理解与观察课堂教学的每个环节，真正用心走进课堂，体会教师在课堂教学中的努力，并努力将课堂教学中出现的种种问题加以认真的诠释，这是教学诊断者最为细心的课堂教学诊断方式，也更加能够走进授课教师的内心。授课教师通过这种被关注的行为，体会鼓励的价值，并能够积极地应对课堂教学过程中出现的棘手问题，展现自身的创造能力。

（三）发展性原则

课堂教学诊断注重发展性原则，目的在于给予教师的课堂教学一定的空间，要对教师的课堂教学持发展的观点。课堂教学诊断可能是从教学的某个侧面出发，但其归宿点绝对不是教学过程中的某个侧面，而是针对教师的全面能力的生成，更是针对教师在教学过程中逐渐积累经验，激发潜能的过程。所以课堂教学诊断的发展性原则也可以称之为持续性原则。

（四）互动性原则

课堂教学诊断的互动在于诊断者与整个课堂的互动，整个课堂包括教师、学生及教学内容等。课堂教学诊断不能单一地对教师的教学进行诊断，而应该考虑多方面因素，注重学生的学习感受与反应，教师的思考与教学反应。互动性原则强调课堂教学诊断者对于课堂教学全面性的把握，不单一地局限于课堂教学的某一方面，全面把握课堂教学内容，才能对课堂教学作出全面客观的诊断。

（五）自主反思性原则

教师自主反思教学中出现的问题，便会在教学过程中逐渐发现自身存在的问题，进而更有针对性地提升自身的课堂教学能力与科研水平。教师的这种自我监控、自我诊断、自我调整的能力往往是优秀教师才干的核心成分。自主诊断并不是简单的"我的课堂，我做主"。"自主"的真正意义在于通过我与你和他的交流，融合成"我们"，在对"我们"的扬弃与超越中，才可能诞生独立的自主的"我"。只沉溺于自己一孔之见的"自主"是心灵的"自闭"、思想的"自闭"、生命的"自闭"。缺乏开放善纳的心胸与眼光，导致教学诊断偏见、偏听、偏信、偏执，误入歧途，致使专业判断力与创造心智的枯萎和窒息。我们需要的"自主"是在广收博采、兼容并蓄基础上的"自主"，不是一种空无依傍、无中生有的"自主"。

（六）实事求是原则

课堂教学诊断一定要客观具体，在课堂诊断过程中，不宜添加过多的主观情感因素。课堂诊断的过程不是对教师终身能力及教师水平的终极认定，诊断的过程在于促进发展。所以诊断者无需顾虑过多，只是对于实际的课堂问题做出最为真实的反映即可。我们提倡尊重与鼓励性的原则，但这并不意味着尊重与鼓励性原则是不切合实际的。在教学诊断过程中，不少人误解了"鼓励"与"尊重"的原则，以为一团和气、好好先生才是教学诊断之秘诀，由此丧失了教学研究求真、求实、求诚的精神。教学诊断不以事实为根据，不以教育教学的客观规律为标准，不以课堂教学的智慧与艺术为导向，只是以个人之喜好、个人之感情色彩来裁定，如此，教学诊断就可能成了"葫芦官判葫芦案"，不足为凭，不足为信。

思 考 与 活 动

一、案例呈现

教研组的一节《镶嵌在作图中的应用》教学中，教师要求每名学生课前收集资料并进行整理，课上在同学展示自己收集图片后指出，研究用地砖铺地或瓷砖贴墙，既不留一点缝隙又不互相叠压地把平面的一部分完全覆盖，就能够获得一个平面图形，从数学的角度看，这就是用多边形覆盖平面或平面镶嵌问题。进一步提出人们正是利用数学知识来美化生活的。如果你是设计师。你会用哪几种几何图形来作平面镶嵌？鼓励之后，同学们又陆续发现了一些问题，教师把学生发现的问题进行了分类：

（1）限用一种正多边形进行平面镶嵌，哪几种正多边形能用于平面镶嵌？

（2）限用两种正多边形进行平面镶嵌，分别有哪两种正多边形能用于平面镶嵌？有几种情况？

（3）平面镶嵌有什么规律吗？接着教师把"镶嵌问题"的课题研究划分为小课题，要求学生以小组合作方式通过动手实验、观察发现、归纳总结、探讨结论。

二、效　果

提高了学生探索知识的热情和兴趣，是一次高效的合作学习。

三、作业题讲解

如图1所示，在长14米，宽9米的长方形草地上修建两条相互垂直，而且宽为2米的小路，求剩余部分的面积。

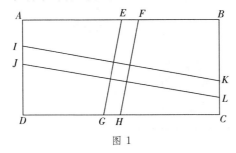

图1

答案：$(14-2)(9-2)=84$。

教师讲解：将剩余4块平移在一起构成新的矩形，计算新矩形的面积。

学生问题：小路宽是指 EF 吗？

教师解答：应该是平行四边形 $EFHG$ 的一组对边 EG 和 FH 之间的距离。

学生中议论声一片，集体提出答案不对，不应该是 $(14-2)（9-2）=$

84，因为 EF 大于2。

教师说：那应该怎么办？

学生解答：利用高求 EF 的长，但需要知道 $\angle FEG$ 的度数。

教师说：我们修改题目将小路宽改为 $EF=2$ 米，本题该怎样解？

大多数学生回答：（14－2）（9－2）＝84，教师停顿后继续问：怎么得到的？

学生回答：平移。

教师说：那就让我们动手操作确认一下吧！

试验结果如图：

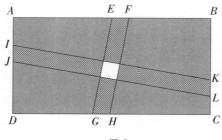

图2

我们惊异地发现，中间有个小的平行四边形空白。也就是说，答案比84还要小这个小平行四边形的面积。教师继续问：那么什么条件下才可以是（14－2）（8－2）＝84？

学生继续互相交流并动手操作后得出如图3时即可。

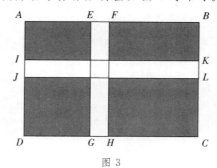

图3

作为一线教师，当你看到上面的案例后，你能产生哪些思考？下面给出的三个问题你是如何理解的？

（1）你如何对这两个案例进行问题分析和诊断？提出哪些改进建议？

（2）以自己所教的一节课或所听的同事的一节课为例，参考本章中案例运用的格式，写出一个具体的课堂教学诊断案例。

（3）有人提出，教师课后自我诊断可以从以下几方面进行，对此你怎么看？

假如由你来上这节课，你认为总体上，这节课是怎样获得成功的？

学生学到了你预期让他们学到的东西了吗？

描述一下学生好的学习行为。这些好的学习行为是怎样表现学生的投入程度与理解水平的？教学与教案有何不同？

你的课堂教学程序、学生行为等，在多大程度上促进了学生的学习？你的教学行为的有效程度如何？

如果你给该班再上一次同样的课，教学会有何不同？为什么？

拓 展 延 伸　相关文献的阅读摘要

论著：《新课程课堂诊断丛书》

主编：杨久俊

出版社：教育科学出版社

出版日期：2005 年

简介：《新课程课堂诊断丛书》共四册，分别是：《小学语文课堂诊断》、《小学数学课堂诊断》、《小学综合实践活动课堂诊断》、《小学品德与生活（品德与社会）课堂诊断》。每一册都基本采用了呈现案例或问题、诊断探讨、提供相关阅读素材的结构框架。丛书编排的目的是让实践当中的经验或问题更加突出，让问题研究和讨论更加集中。

第五章　课堂教学评价的基本理论

【学习要求】

1. 了解课堂教学评价的意义和价值。
2. 理解课堂教学评价的基本理论，掌握课堂教学评价的常用方式、方法。
3. 了解课堂教学评价发展的基本趋势。

提 出 问 题　课堂教学评价包含哪些基本理论？

　　课堂教学是中小学教育的核心工作，课堂教学评价乃是伴随课堂教学的全程而产生的特殊的教育活动。相比而言，课堂教学过程是帮助学生达到一系列既定教学目标的过程，课堂教学评价则是课堂教学过程的有机组成部分，对课堂教学的设计、实施和效果改进提供必不可少的保障。

　　课堂教学评价是促进学生全面发展、教师专业成长、提高课堂教学质量的重要手段。科学有效地进行课堂教学评价，也就成为现代教学的基本组成部分，不仅构成科学、规范教学的必要组成，而且是进行各种教育教学决策的必备基础。

　　但是，课堂教学评价究竟有哪些基本理论？需要做出一个全面的界定。

理 论 阐 释

　　评价是基于数据、信息基础上的价值判断的过程。而价值判断需要基于特定的教育理念。任何形式的评价都有一定的教育理念作支撑，从建立在知识为本理念基础上的传统评价，到关注发展的发展性评价，再到今天倡导的以学生全面发展为核心的绿色评价指标体系，都有各自不同的价值取向。

一、教育评价与课堂教学评价的基本概念

教育评价是为了更好地决策而采取多种手段、方法搜集信息、使用信息，进而做出价值判断的教育过程。其中，教育评价的本质特征在于进行价值判断。一个完整的评价计划将包含测量和非测量两种方法，用公式表示为：

评价 ＝ 测量（定量描述）＋ 非测量（定性描述）＋ 价值判断[①]

对于评价的这种界定，对后来的评价实践产生了深远影响。美国著名学者拉尔夫·泰勒提出，"评价过程实质上是一个确定课程与教学实际达到目标的程度的过程"[②]。

课堂教学评价是针对课堂教学的测量（即定量描述）、定性描述与价值判断的总称，它是指为促进学生学习、改善教师教学、提升课堂生态而实施的一种特定活动，对学生课堂学习的过程与结果、教师的课堂施教，以及师生之间的关系等诸多方面所进行的测量、评价。

在实际实施过程中（如图 5-1 所示），对教师的教、学生的学、学生学业水平、教师专业发展水平、课堂教学整体状况等，所进行的测量、评价，往往相互包含，特别是针对教师课堂教学的评价常常也包含对学生学习结果的测量和评价。

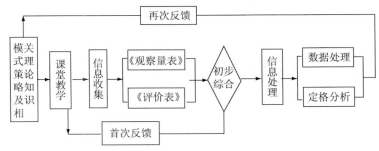

图 5-1 课堂教学评价的基本流程

二、课堂教学评价的基本要素

课堂教学评价作为一种特殊的评价，其评价的对象是"课堂中的教与学"，既包括教师的施教，也包括学生的学习，还包括教与学之间的必然关联。

更进一步说，课堂教学评价是对课堂教学效果以及对构成课堂教学过程各

---

① ［美］ＮＥ格朗兰德，郑军，郭玉英，等. 教学测量与评价［M］. 石家庄：河北教育出版社，1991：294—295.
② ［美］泰勒. 课程与教学的基本原理［M］. 施良方译. 北京：人民教育出版社，1997：26.

要素（包括教师、学生、教学内容、教学方法和教学环境等）之间相互作用进行分析、评判的过程。

课堂教学评价是一个过程，其中，评价者从量或质的角度，系统、有计划地描述课堂教学的过程、结果及其他有关方面的属性（如课堂教学环境、教材特点、学生发展的阶段性），并以此做出价值判断，确认是否达到了所期望的课堂教学目标。在这个过程中，课堂教学的对象、标准、途径与方法起决定作用。

（一）评价对象

从课堂教学角度而言，评价对象包括教师（如教师个人素质、在课堂教学中的行为表现等）、学生（如，学生个人在课堂学习中的态度、兴趣及个性，相关能力，学业表现等）、课堂学习资源（如，教材、教学辅导材料、多媒体技术等）、课堂学习环境（如，课堂氛围，师生教与学的交流，校园、社会或文化背景等），以及评价的基本理念和价值取向。

（二）评价标准

在课堂教学中，被评价对象往往不同，评价目的往往各异，而确立评价标准需要考虑多方面因素，以体现多元化的评价取向。

例如，如果从"学生课堂学习状态、获得课堂发展状况、教师教学行为以及教学效果"四个基本维度来实施课堂教学评价，而且，在每个基本维度上，进一步明确对师生发展有价值的若干观测标志（如学习状态又可分为参与状态、交往状态、思维状态、情绪状态、生成状态等），并对各标志进一步明确评价的若干标准，最后可以构建出一个充分体现现代教育理念的课堂教学评估体系。

但如果基于知识为本，以"学生在课堂上获得的知识技能、教师基本功的实际发挥，以及教学内容的容量、难度"等为主要指标，制定评价标准，那么，此时，评价的关注点则变成关注学生获得的知识容量及其系统性，以及教师的课堂表现，而教师是否实现了教学互动，是否关注学生的可持续发展等内容，都不重要，重要的是课堂教学的容量，其最佳状态是"高密度、大容量"，当然，其教学方式很可能是灌输式、填鸭式。

（三）评价途径、方法

1. 量化评价与质性评价

现阶段，我国流行的教育评价方法，宏观上可以区分为量化评价和质性评价两大类，它们对各科都通用，并无学科特征。

其中，量化评价方法就是力图从复杂的教育现象中抽象为数量，从数量的分析与比较中推断某个评价对象的成效，其收集信息与资料的途径通常借助于教育测量。这种方法简单、明了，直接反映评价对象的特质，适用于简单、单纯的教育现象。

质性评价方法就是力图通过自然的调查，全面客观地揭示和描述评价对象的各种特质，其收集信息与资料的途径通常包括观察法、谈话法、调查法、档案袋法等。这种评价方法全面、深刻，在某种程度上是评价者对教育现象的解读，更适用于评价复杂的教育现象。

在具体实践中，如何结合课堂教学的特点，形成具有学科课堂教学特色的教学评价方法，是课堂教学研究的重要课题。

2. 课堂教学评价的其他方法

按评价资料的收集手段，可以将课堂教学评价分为现场观评、监视监听评价、录像评价、量表评价等。

现场观评，特指评价者进入课堂现场，实时实地观察课堂教学全程，收集相关的信息，在课后给出基于课堂观察信息之上的恰当评价。

在实际运用过程中，这种评价方法往往表现为现场观课、评课，其收集评价信息的方法具有很强的时效性，而且能够对各种突发、偶发情况（特别是课堂随机生成）进行适时评价，能够准确捕捉课堂互动的精彩片段、教师的教学机智、学生的课堂闪光点及思维的生长点。其弊端集中于受观测手段的限制，许多信息往往稍纵即逝，同时，往往由于评价者的现场观测，导致师生的心理、行为发生变化。

监视监听评价则是特指，凭借单向玻璃或摄像设备等特定手段（在课堂中师生毫无察觉的前提下）课堂教学进行的及时性评价。其优点是，评价者不直接进入课堂，不会对课堂教学产生任何干扰，尤其是可以有效避免课堂观察者的出现给师生带来的压力，使获取的信息更加真实。缺点是，一方面在于，所需的硬件条件相对苛刻，另一方面在于可能会受观测角度、观测手段限制等所导致的信息丢失，使其无法全面了解刻画课堂全貌。

录像评价则是利用视频录像手段，将课堂中的师生活动全程记录下来，在课后按照特定的方式（如教学时间分析、特定教学环节的数据统计、学生行为统计等），进行课后评价和分析。其优点在于，可以不受时间、地点、空间和评价者人数等的限制，可以按要求定格、细化课堂教学中的每个细节、片段，获取常态手段无法获取的信息，同时，在评价的过程中，也可以与被评教师一起分析，还可以进行同一题材的不同课堂录像的对比分析，从而使获取的评价资料更为全面、客观、准确。

在录像评价中，录像往往只是一种评价资料的收集手段，对录像进行数据的编码、分析和评价会派生出不同的录像评价分析技术。

量表评价则是采用事先编制的评价量表，对被试的师生进行量化测评，或者根据师生对课堂教学的过程和效果的主观判断进行回答，进而获取有用信息，其关键在于评价量表编制的针对性、规范性和科学性，亦称问卷评价法。问卷评价是目前进行课堂教学评价最常用、最广泛的方式之一。

三、课堂教学评价的基本理念与基本要求

（一）课堂教学评价的基本理念

在现代教育理念下，课堂教学是学科活动的教学，是师生之间、学生之间交往互动、积极参与、共同发展的过程。

课堂教学关注紧密联系学生的生活实际，从学生的生活经验和已有知识出发，创设生动有趣的情境，引导学生开展观察、操作、猜想、推理、交流等活动，使学生通过学科活动，掌握基本的知识和技能，初步学会从学科视角观察事物、思考问题，激发学习兴趣，启迪终生受用的智慧。

课堂教学评价的最终目的在于提高课堂教学质量，促进学生的全面健康持续发展。进行课堂教学评价，要正确认识学生的个体差异，因材施教，使每一名学生都在原有的基础上得到充分的发展；要关注学生的学习过程，不仅要关注学生观察、分析、自学、表达、操作、与人合作等一般能力的发展，以及学科思维能力的发展，更要关注学生在情感、态度与价值观等方面的健康和谐发展；不仅要关注课堂教学的结果性目标的达成，更要关注课堂教学对学生可持续发展的潜在性目标的达成。

现代社会对人的发展要求引起评价体系的深刻变化，促使中小学课堂教学必须建立合理、科学的评价体系，包括评价理念、评价内容、评价形式和评价体制等方面。评价既要关注学生课堂学习的结果，也要关注学习过程和未来发展潜质；既要关注学生学科学习的水平，也要关注学生在学科活动中表现出来的情感态度的变化。

1. 评价更加关注激活潜能、激发兴趣、注重可持续发展

在课堂教学中，评价应建立多元化的目标，关注学生个性与潜能的发展。例如，过程性评价宜关注对学生理解概念、学科思想等过程的评价，关注对学生发现、提出、分析、解决学科问题等过程的评价，以及在过程中表现出来的合作交流的态度、表达与交流的意识和探索的精神。

教育评价的现代教育理念倡导多元化的评价目标，旨在实现以评价促发展的功效。

针对学生的评价，其目标应是多元的，而不是单一的，至少应包括以下几个方面的功能：

（1）反映学生学科学习的成就和进步，激励学生的学科学习；

（2）诊断学生在学习中存在的困难，及时调整和改善教学过程；

（3）全面了解学生学习的历程，帮助学生认识自己在解题策略、思维方法或学习习惯上的长处和不足；

（4）使学生形成正确的学习预期，形成积极的学科态度、情感和价值观，帮助学生认识自我，树立信心。

评价目标的多元性，不仅表现在学生知识技能掌握情况的评价，而且要评价学生多方面的发展，评价学生的多种能力，特别关注学生的发展潜质。

在教师方面，评价的多元功能具体体现为：及时反馈学生的学习信息，了解学生学习的进展和遇到的问题；了解教学设计、教学组织和课堂教学进展状况，以做出恰当的调整；及时了解教师自身在知识结构、教学设计、教学组织等方面的表现，随时调整、改进教学进度和教学方法，使教学更适合学生的学习，更有利于学生的发展。

针对教师的评价应以促进教师发展为目的。通过评价应当使教师了解更多的有关学生学习和教学的信息，促进教师改进教学和提高自身的适应能力。

2．评价内容的多维性

当前，课堂教学评价更加强调营造良好的育人环境，有利于教学活动过程的调控，有利于学生的全面发展和教师的专业成长，既要发挥评价的甄别与选拔功能，更要突出评价的激励与改进功能。

课堂教学评价的具体内容主张构建多维度、全面性的评价内容体系。与以往的评价内容相比，更强调在综合评价的基础上，关注个体的进步和多方面的发展潜能。如知识与技能的评价，包括针对基本事实、过程、技能与方法的评价，其中，除概念、法则、定理、定律等一般意义下的知识与技能外，也包括认识知识发生发展的过程、解决问题策略的多样化、在现实情境中知识与技能的运用等。不同内容的评价可以通过设计反映不同内容的问题，如对某一方面知识与技能的评价，也可以在综合的问题情境中进行评价，如在一项调查活动中，对知识的理解与运用、解决实际问题的能力以及参与投入的态度等进行评价，还可以通过对学生平时学习情况的考察来评价。

3．评价手段、方式方法的多样性

在现代教育理念下，课堂教学评价主张应当针对不同阶段学生的特点和具体内容的特征，选择恰当有效的方法。评价的手段和形式宜多样化，而且以过程性评价为主，涉及评价学生的进步，调节教师的教学以及为家长们提供孩子在校学习的情况等几个方面，既可以用书面考试、口试、活动报告等方式，也可用课堂观察、课后访谈、作业分析、建立学生成长记录袋等。

对学生知识技能掌握情况的评价，可采取定量评价和定性评价相结合的方式，结果评价与过程评价相结合。例如，情感与态度方面的评价，一方面，通过日常课堂教学过程中学生的参与和投入等方面的考查，另一方面，通过特定的学科活动可以准确测定学生对学科学习的情感态度水平。

不同的评价方法在评价过程中起着不同的作用，不能希望一种评价方法会解决所有的问题。封闭式的问题、纸笔式的评价可以简捷方便地了解学生对某些知识技能的掌握情况，而开放式问题、活动式的评价有助于了解学生的思考过程和学习过程。

如表现性评价是通过学生完成实际任务来展现学习成就的评价方式。这种基于实际任务的评价，是通过向学生提供一个具有一定任务性的、具体的问题情境，在学生完成这一任务的过程中，考查学生各方面的表现。对学生表现的考察可以是多方面的，包括相关的知识与技能，对实际问题的理解水平，在完成任务时采取的策略，表现出来的态度与信心，以及广泛利用各种知识解决问题的能力等。表现性评价的问题多是学生比较熟悉的问题情况，并且一般不是唯一的答案。通过表现性评价，可以反映学生学习的不同水平，也可以分析学生解决问题的过程与策略，展示学生独特的方法和能力。

4. 评价主体的多元性

以往的评价往往局限于教师对学生的评价。现代教育理念主张，评价既可以让学生开展自评和互评，也可以让家长和社区有关人员参与评价过程，强调评价过程中教师、学生、家长和教育管理者多主体的选择、沟通和协商。加强自评、互评等形式的评价，使评价成为师生共同参与、共同发展的过程。学生不仅应当参与学习过程，也应当有机会参与评价过程。以学生为主体的评价，可以是学生之间的互评、学生的自评，也可以由学生来评价教师、评价一节课的学习内容和学习方法。评价过程本身也促使学生对活动过程进行总结和反思。

5. 评价结果处理的科学化

首先，强调结论的全面解释与慎重处理。评价是一个涉及各种各样的人群，且受多种因素影响和制约的复杂过程。评价的积极作用显而易见，但评价的结果若处理不当，则会对评价对象产生消极影响。因此，目前世界各国在进行评价改革的过程中，都十分注意这一问题。

其次，对收集信息要比对其数值给予更大的关注。评价是一个动态的发展过程，主体性应表现在评价的过程中，而不仅是评价的结果。对于学科学习评价而言，评价不应集中在答案的正确率上，答案错误或没有答案也是有检查价值的。对于教学评价而言，通过收集的信息来发现教师在教学中形成的特点和不足，有利于教师教学的调整和改进。

现代教育理念下的课堂教学评价更加突出如下特点：

评价的目的是全面考察学生的学习状况，激励学生的学习热情，促进学生的全面发展。对学生课堂学习的评价，应首先关注学生的学习，包括学生在活动过程中的投入程度、活动水平以及通过活动所获得的发展；对知识和技能的评价，应侧重于学段目标中提到的重要知识和方法，对它们的评价应在实际背景和解决问题的过程中进行，并注重不同内容之间的联系；评价应突出自评、小组合作以及考试等几种方式的综合运用；评价结果应能较为全面地刻画学生学习的现状和发展，结果的呈现应注意将定性描述与定量表述相结合，尽量使用鼓励性语言。

评价也是教师反思和改进教学的有力手段。课堂教学是学科活动的教学，是师生之间、学生之间交往互动、积极参与、共同发展的过程。课堂教学是教师的教学技能、教学能力、业务水平、文化修养、教育观点、师德和思想素质的综合表现。从而，课堂教学评价的目的还在于，总结教师优秀的教学经验，诊断教学的不足，以便更有效地改进教学；课堂教学评价的过程同时也是教师进行教学反思、开展教学研究、促进自我专业成长的重要途径。

总之，在现代教育理念下，课堂教学评价的核心目标在于建立合理、科学的评价体系，促进学生的全面发展，加速教师的专业成长。

（二）课堂教学评价的基本要求

教育评价起着相当关键的作用，它的好坏直接影响新课程改革的成效。在新的教育理念下，高中课堂教学评价具有一些突出的特点，这些特点主要表现在以下几个方面：

1．过程成为评价的一部分

教学评价的目的在于促进学生的发展和教师的提高。相对于结果，过程更能反映学生的发展变化，体现学生成长的历程。评价要关注学生学习的结果，更要关注学生学习的过程，关注学生在学科活动中表现出来的情感与态度，要帮助学生认识自我、建立自信。这就是说，要把学生在学习过程中的全部情况都纳入评价范围，把学生解决问题寻找答案的调查过程、推理和计算的过程、使用技术手段的过程等都纳入评价的视野，强调过程本身的价值，把学生在过程中的具体表现作为评价的主要内容。对学生凡是有价值的所作所为，即使有些与预定目标不那么符合，也要给予支持与肯定，对学生的主体性和创造性给予足够的尊重。

评价不是为了给出学生在群体中所处的地位，而是为了学生在现有基础上谋求进一步的实实在在的发展。评价要引导学生更多地关注解决问题的过程和策略，提供给学生表现自己所能的各种各样的机会，通过评价帮助学生自我教育、自我进步、认识自我、建立自信。

对学生学习过程的评价，包括学生参与学科活动的兴趣和态度、学科学习的自信、独立思考的习惯、合作交流的意识、学科认知的发展水平等方面。

2. 正确评价学生的基础知识和基本技能

学生对基础知识和基本技能的理解与掌握是课堂教学的基本要求，也是评价学生学习的基本内容。评价要注重对数学本质的理解和思想方法的把握，避免片面强调机械记忆、模仿及复杂技巧。为此，应该关注以下一些具体评价内容的建议与要求：评价对数学的理解，可以关注学生能否独立举出一定数量的用于说明问题的正例和反例。特别地，对核心概念学习的评价应该在高中数学学习的整个过程中予以关注；评价应关注学生能否建立不同知识之间的联系，把握数学知识的结构和体系；对数学基本技能的评价，应关注学生能否在理解方法的基础上，针对问题特点进行合理选择，进而熟练运用；数学语言具有精确、简约、形式化等特点，能否恰当地运用数学语言及自然语言进行表达与交流也是评价的重要内容。

3. 拓展多样化的评价目标和方法，实施促进学生发展的多元化评价

促进学生发展的多元化评价的涵义是多方面的，包括评价主体多元化、方式多元化、内容多元化和目标多元化等，应根据评价的目的和内容进行选择。

主体多元化是指将教师评价、自我评价、学生互评、家长和社会有关人员评价等结合起来；方式多元化是指定性与定量相结合，书面与口头相结合，课内与课外相结合，结果与过程相结合，等等；内容多元化包括知识、技能和能力，过程、方法，情感、态度、价值观以及身心素质等内容的评价；目标多元化是指对不同的学生有不同的评价标准，即尊重学生的个体差异、尊重学生的不同选择，不以同一个标准衡量所有学生的状况。

下面给出一些评价方式的具体建议：

（1）评价应以尊重被评价对象为前提，评价主体要参与学校的教育活动，并注意主体间的沟通。

（2）笔试仍是定量评价的重要方式，但要注重考察对概念的理解、学科重要思想方法的掌握、学科思维的深度、探索与创新水平以及解决实际问题的能力等。

（3）定量评价可以采取百分制或等级制的方式，评价结果应及时反馈给学生，但要避免根据分数排列名次的现象发生。

（4）定性评价可采取评语或成长记录等形式，评语或成长记录中应使用激励性语言全面、客观地描述学生的状况。

（5）要重视活动性评价，充分发挥作业、活动在学生学业评价中的作用。作业的类型应多样化，如：常规作业，开放性、探索性问题，课题研究作业，专题总结报告等；作业结果的呈现形式也应是多样的，如：小论文，研究、实验或调查报告（书面、口头）等；对作业的评价可以是量化的，也可以是定性的。评价过程应积极主动、简单可行，避免增加学生负担。

（6）应重视计算器、计算机等现代教育技术手段在评价学生学习中的运用。

4．根据学生的不同选择进行评价

学生可以根据个人不同的条件以及不同的兴趣、志向，在高中阶段选择不同的课程组合进行学习。对此，学校和教师应当根据学生的不同选择进行评价。如：当学生选择了自己的课程组合以后，学校和教师应为学生建立相应的学习档案，当学生完成课程模块或专题学习时，将反映学生水平的学习成果记入档案；当学生调整自己的课程组合时，学校和教师应及时地帮助学生做好已完成课程的评价及系列转换工作；学校和教师的这些评价，将成为学生进入社会求职或高等院校招生时评价学生的依据。高等院校的招生考试应当根据高校的不同要求，按照高中数学课程标准所设置的不同课程组合进行命题、考试，命题范围为必修系列、选修系列 1、选修系列 2、选修系列 4。根据课程内容的特点，对选修系列 3 的评价应采用定性与定量相结合的形式，由高等学校来完成。高等学校在录取时，应全面地考虑学校对学生在高中阶段数学学习的评价。

总之，在现代教育理念下，课堂教学评价一改往日的做法，以新的姿态展现在学生的面前，有利于教与学活动过程的调控，有利于学生和教师的共同成长，有助于学生认识自我、建立自信，有助于教师改进教学，加速专业化进程。

四、课堂教学评价的实施

（一）实施步骤

课堂评价作为教育评价的一个组成部分，也要符合教育评价的基本要求。在具体的实施过程中，也需要遵循一定的原则与步骤。下面对数学课堂教学评价的实施过程加以介绍。

一般来说，在实施课堂教学评价时，主要有以下两个阶段。

1．课堂评价的准备阶段

（1）确定评价的标准。课堂教学评价标准是，基本遵循导向性、有效性和开放性的原则，应体现以下三方面的基本要求：体现以促进人的发展为根本宗旨的教学目标，体现科学合理的教学内容，体现学生主动学习的策略与方法。

（2）确定评价者。评价一般分为自评和他评。自评是指被评价者依据评价标准对自身的活动所作的价值判断；他评是指被评价者以外的组织或个人依据评价标准对被评价者实施的评价。过去的评价以他评为主，而且评价者的选择往往由评价的领导小组决定。后来，在科学化的课堂教学评价中，所有教师或者同一学科、同一学年的教师，对照课堂教学评价表对某一教师的课堂教学进行评价。在现代教学评价中，倾向于在自评与他评相结合的基础上，确立以自评为主的评价原则，以期能够对教学过程进行不断的调整。

（3）商定评价方案。评价方案由评价者同被评价者通过专门面谈共同商定。评价方案一般应该包括以下几方面内容：评价目的，评价步骤，评价重点（供自我评价、工作描述和其他步骤参考），听课的时间和重点，收集信息的范围、方法和步骤，评价时间表，开展评价面谈的时间及地点。

（4）进行评价有关技能的培训。评价技能培训主要是指对评价者的有关技能的培训。评价者在他评时，必须具备相应的评价技能，否则就无法成为合格的评价者。如果没有相应的评价技能，而是随意地进行听课和评价，就会降低评价的信誉，也无法实现预定的评价目的。

2．课堂评价的具体实施

（1）收集评价信息。收集信息的范围和方法应限于评价方案确定的原则之内，获得评价对象的认可，收集信息主要通过以下几种途径进行：

① 说课（只对事前指定的听课进行说课）。一是通过说课，了解评价对象对本课的安排是否体现了素质教育的要求和正确的教学指导思想，对教学目标、内容、方法、手段、步骤等的安排是否合理。二要由评价者对评价对象进行课前指导，以进一步修正和完善课前准备工作。

② 课堂观察。课堂观察是评价者在课堂教学评价时获取评价信息的重要途径。在课堂听课前，一定要熟悉课程标准和教材，熟悉教师的教案，确定听课的重点。听课重点的确定可以根据评价对象的意见来确定，也可以根据评价者的意见来确定。例如，有些教师认为自己的课堂教学结构安排不够合理，不能很好地控制教师讲授时间和学生动手探究以及小组合作的时间，评价者就应该记录教师在各项教师活动中所用的时间，在听课后的反馈中，与该教师讨论哪些地方讲的不够，哪些地方过于拖沓，哪些是可以省掉的不必要的环节。在听课过程中，要认真做好听课记录。记录教学过程的详细安排、教师的设问、讲解、演示、板书，以及学生的应答、活动、参与情况。记录教师收集信息、处理信息的方式，反馈的次数以及各教学环节所用的时间，以及评价者对听课

的感受等。也就是说，要恰当运用课前准备的各种评价工具和方法，全面收集符合评价目标的数据。

③ 问卷调查、测验、座谈、访谈。听课结束后，最好还要及时了解学生的反映和教师的自我感受，特别是在诊断性评价中。可以在课后发放调查问卷让学生填写，也可以通过访谈、座谈的方式，与学生交谈，了解他们对教师教学方法的意见，或者通过测验的方式，了解学生对所教内容的掌握程度。教师的自我评价，同样可以采用访谈或问卷调查的方式进行。

（2）进行评价面谈。这属于评价后的反馈阶段。评价信息搜集完毕后，要及时地作出反馈，否则会降低评价者的威信和地位，也会给被评价者带来不安。与被评价者进行面谈，一般要求评价者根据听课记录以及其他方式搜集的资料，依据评价标注，对本节教学中表现出的优势与不足进行初步的评价，提出改进的建议。面谈时要充分考虑被评价者的心理和接受能力，针对教师的教龄、教学条件等提出中肯的评价。

（3）撰写评价报告。在评价双方通过评价面谈达成初步共识的基础上，评价者要及时撰写评价报告。评价报告要力求言之有物，防止空洞抽象，只给出优秀、合格、不合格这种判决性的简单的结论，或者"讲的比较熟练"、"符合素质教育的意图"等笼统的反馈意见，这样对被评价者没有任何帮助。评价报告一般包括评价面谈的讨论记录和新的课堂教学发展目标两个部分。

（4）经常性的自评。教师根据共同商讨的评价意见和新的课堂教学发展目标，进行经常性的自评，不断完善自己的课堂教学活动。

（5）中期检查。评价者与教师定期进行中期检查面谈，反省实现发展目标的过程、程度及存在的问题，分析问题的症结，提出进一步提高的办法，必要时可以调整发展目标实现的时间。检查面谈后，撰写一份双方认可的、简明的补充材料，反映出实现目标的过程，附在评价报告中。

（二）评价的维度

对课堂教学过程，可以从如下三个维度进行评价：学生在课堂教学中的情意过程，学生在课堂学习中的认知过程，教师的因材施教过程。这是评价课堂教学过程最基本的三个方面。

1. 情意过程

评价课堂教学过程，首先应当关注课堂教学的环境、学生的学习兴趣和自信心。

（1）教学环境：是否营造了一个平等、民主、和谐的师生关系、生生关系，教师是否鼓励学生发现问题、提出问题，学生是否敢于质疑、大胆尝试、乐于交流与合作。

（2）学习兴趣：教师能否充分调动学生的学习积极性，使全体学生都能够主动、有效地投入到学科活动中，学生是否有学科的好奇心、求知欲。

（3）自信心：教师能否让学生在学科学习活动中获得成功的体验，学生能否在学习过程中建立自信心。

2．认知过程

有效的课堂教学还应关注学生的认知过程。评价课堂教学要关注教师在实施课堂教学过程中，能否使学生有效地经历知识的形成过程，使学生在获得必要的基础知识与基本技能的同时，发展实践能力与创新意识，建议从以下三个方面进行评价。

（1）学习方式：教师能否根据具体的教学内容，引导学生开展有效的学习，是否体现动手实践、自主探索、合作交流等有效的学习方式。

（2）思维的发展：教师能否发展学生的形象思维、抽象思维能力、合情推理能力、初步的演绎推理能力与初步反思的意识。

（3）解决问题与应用意识：教师能否有效地组织学生初步学会从学科视角提出问题、理解问题，并能综合运用所学的知识和技能解决简单的实际问题，发展应用意识；能否使学生形成解决问题的一些基本策略，体验解决问题策略的多样性。

3．因材施教

按照这种评价纬度进行，还应关注以下方面：

（1）尊重个性差异：教学中能否尊重每一名学生的个性特征，允许不同的学生从不同的角度认识问题，采用不同的方式表达自己的想法，用不同的知识与方法解决问题。

（2）面向全体学生：教师能否在课堂教学中关注每一名学生，特别是对学习有困难的学生给予切实的帮助。

（3）教学方法与手段：合理有效地使用教学方法与手段。

在合作学习中要关注教师能否组织学生进行有效的小组合作学习与交流活动，如学生能否认真倾听别人的意见，是否能够保证每一名学生都有发表自己想法的机会，能否清晰地表达自己的想法，能否在交流中不断调整自己的思维。

有学者指出，还可以根据课堂教学的整体性、综合性及教学效果的动态生成性，按照如下要素纬度进行课堂评价[①]，即教学目标、教学内容、教学方法、教学心理环境、教师行为、学生行为、教学效果。

[①] 马云鹏，等．数学教育评价［M］．北京：高等教育出版社，2003：51—54．

其中，教师行为和学生行为是评价的核心因素。

从发展性的角度，有人提出①，也可以从如下几方面进行课堂教学评价：

① 教学思想：育人为本，德育为核心，面向全体，因材施教。

② 教学目标：反映大纲要求，符合学习特点，在教学过程中明显体现教学目标。

③ 教学内容：科学准确，处理得当，熟练自如。

④ 教学环节：灵活多样，自然得体，善于组织。

⑤ 教学方法：逻辑性强，启发性强，通俗性强，开放性强，实用性强。

⑥ 教学效果：达成教学目标，进行学法指导，促进能力发展。

（三）评价标准

为方便广大读者阅读，附上中国教育学会高中数学教学专业委员会 2004 年 10 月组织制定的《全国高中青年数学教师优秀课评价标准》（试行）。

全国高中青年数学教师优秀课评价标准（试行）

为了贯彻党的教育方针，全面推进素质教育，加强对学生的创新精神和实践能力的培养，提高广大青年数学教师的师德水平，加快青年数学教师的专业化发展，探索和交流课堂教学改革经验，提高教学过程的科学化水平，提高课堂教学质量与效益，中国教育学会高中课堂教学专业委员会组织全国高中青年数学教师举行优秀课（包括课堂教学、说课）评比活动。为了更好地开展这项活动，保证活动的公开性、公平性与公正性，特制定本标准。

一、课堂教学评价标准

课堂教学要以国家颁布的《数学课程标准》（实验）和《课堂教学大纲》为基本依据，贯彻"以学生的发展为本"的科学教育观，根据教学内容选择恰当的教学方式与方法，充分发挥学生的主动性、积极性，激发学生的学习兴趣，引导学生开展自主活动与独立思考，切实搞好"双基"教学，注重提高学生的数学能力，加强创新精神和实践能力的培养，注重培养学生的理性精神。课堂教学通过现场教学实践的方式进行。

课堂教学评价包括如下几个方面：

1. 教学目标

根据学生的思维发展水平和当前的教学任务，正确确定学生通过课堂教学在基础知识和基本技能（简称"双基"）、数学能力及理性精神等方面应获得的发展。教学目标的陈述应准确而没有歧义，使目标成为评价教学结果的依据。

---

① 新课程实施过程中培训问题课题组编写. 新课程与评价改革［M］. 北京：教育科学出版社，2001：104—105.

2．教学内容

正确分析所教内容各部分知识的本质、地位及与相关知识之间内在的逻辑关系，包括：对所教学的知识（数学概念、原理等）的本质及其深层结构的分析；对如何选择、运用与知识本质紧密相关的典型材料的分析；对如何从学生的现实状况出发重新组织教材，将学过的知识自然融入新情景，以旧引新，以新强旧的分析；对如何围绕数学知识的本质及逻辑关系，有计划地设置问题系列，使学生得到数学思维训练的分析。

3．教学过程

正确组织课堂教学内容：正确反映教学目标的要求，重点突出，把主要精力放在关键性问题的解决上；注重层次、结构，张弛有序，循序渐进；注重建立新知识与已有相关知识的实质性联系，保持知识的连贯性、思想方法的一致性；易错、易混淆的问题有计划地复现和纠正，使知识得到螺旋式的巩固和提高。

在学生思维最近发展区内提出"问题系列"，使学生面对适度的学习困难，激发学生的学习兴趣，启发全体学生开展独立思考，提高学生数学思维的参与度，引导学生探究和理解数学本质，建立相关知识的联系。

精心设计练习，有计划地设置练习中的思维障碍，使练习具有合适的梯度，提高训练的效率。

恰当运用反馈调节机制，根据课堂实际适时调整教学进程，为学生提供反思学习过程的机会，引导学生对照学习目标检查学习效果，有针对性地解决学生遇到的学习困难。

4．教学资源

根据教学内容的特点及学生学习的需要，恰当选择和运用教学媒体，有效整合教学资源，以更好地揭示数学知识的发生、发展过程及其本质，帮助学生正确理解数学知识，发展数学思维。其中，信息技术的使用注重必要性、有效性、平衡性、实践性等。

5．教学效果

使每一名学生都在已有发展的基础上，在"双基"、数学能力和理性精神等方面得到一定的发展。

6．专业素养

（1）数学素养。准确把握数学概念与原理，准确理解内容所反映的数学思想方法，准确把握教材各部分内容的内在联系性。

（2）教学素养。准确把握学生数学学习心理，有效激发学生的数学学习兴趣，根据学生的思维发展水平安排教学活动，贯彻启发式教学思想，恰当把握对学生数学学习活动指导的"度"，具有良好的教学组织、应变机智。

（3）基本功。

① 语言：科学正确、通俗易懂、简练明快、富有感染力。

② 板书：正确、工整、美观，板书设计系统、醒目。

③ 教态：自然大方、和蔼亲切、富有激情与活力。

④ 有较好的信息技术工具操作技能。

二、说课评价标准

说课要以国家颁布的"数学课程标准（实验）"和"课堂教学大纲"为基本依据，贯彻"以学生的发展为本"的科学教育观，重点对"教什么"、"怎样教"和"为什么这样教"进行阐述，即对教学中如何根据教学内容选择恰当的教学方式与方法，如何发挥学生的主动性和积极性，如何激发学生的学习兴趣，如何引导学生的自主活动与独立思考，如何搞好"双基"教学，如何提高学生的数学能力，如何加强创新精神、实践能力及理性精神等的培养等，进行阐释。

说课评价包括如下几个方面：

1. 背景分析

（1）学习任务分析。正确说明本节课的核心概念、数学思想方法以及与相关知识的联系，明确教学重点。

（2）学生情况分析。正确说明学生已有认知结构与新内容之间的关系，明确学生可能遇到的难点。

2. 教学目标设计

正确阐述通过教学，学生在"双基"、数学能力、理性精神等方面所能得到的发展，并说明其依据。

3. 课堂结构设计

正确说明如何根据教学内容（如概念、原理，例题、练习，数学应用，研究性学习等）的性质，按照数学知识的逻辑顺序选择恰当的课堂结构，安排教学活动顺序。

4. 教学媒体设计

正确阐释如何根据教学任务及学生学习需要，选择恰当的教学媒体。

5. 教学过程设计

说明设计怎样的问题系列，激发学生学习兴趣，引导学生开展积极主动的数学思维；说明如何根据学生实际提供适度的学习指导；说明如何安排变式训练和知识应用，巩固知识，加深对数学本质的理解；说明如何安排反思活动，引导学生归纳、总结并概括本堂课的学习内容。

6. 教学评价设计

说明如何进行教学效果评价，如何根据评价结果进行教学反馈与调节。

说课时间不超过 20 分钟。

案 例 运 用

下面的案例源自东北师大南湖实验学校小学部马晶老师的课堂评价尝试。

目前小学低段数学课堂评价的形式比较单一，为数甚多的教师普遍采用模式化的语言或加分等外部奖励方法。这些方法虽在某种程度上可以调动学生的积极性，但长时间使用，易使学生厌倦疲惫。为此，在课堂评价原有方式的基础上，电脑语音辅助下的激励性评价，被我们付诸于小学数学课堂实践之中。实施过程如下：

1. 具体意图

在课堂上，单纯通过教师的语言对学生的回答予以反馈，已不能很好地调动低段学生学习的积极性，现代教育技术的飞速发展，为学生的学习带来便利的同时，也能为教师的课堂评价做出应有贡献。因此，我们期望通过多媒体与教师的语言评价有机结合，提高课堂评价的实效性，更好地调动学生课堂学习的积极性。

2. 实施时间与范围

2013 年 10 月中旬，江浙地区某校两个班（69 名小学二年级学生）。

3. 教学内容及选取意图

（1）意图

为了客观收集此种评价方式的实际效果，我们随机选择了一个教学内容（期望也适用于借助多媒体手段进行新授或练习的其他内容）。

（2）内容

《角的初步认识》。

4. 课堂实施片段

在初步认识角的基本概念以及生活中的角之后，教师在练习巩固环节用多媒体展示如下图形，引导学生判断哪些是角，哪些不是角。

图 1

师：你们会做这道题吗？（教室里仅有平时积极举手的几名学生高举着小手，想要回答问题。此时，教师随机选择了一名举手的学生回答问题）

生：第一个是角，因为它有一个顶点，还有两条直直的边。

师：好，我们听一听机器人的观点。

（点击电脑）电脑中发出这样的男声：你真行，可要再接再厉哦！

此时，回答问题的学生欢欣鼓舞，其他学生奇怪、好奇，逐渐露出可爱的笑容。

师：第二个图形是角吗？谁想与大家分享你自己的理解？（举手的学生比第一次稍多）

生：这个图形不是角。

师：能告诉大家你是怎么想的吗？

生：因为它没有尖尖的顶点。

师：我们来听听机器人的观点。

（点击电脑）电脑中发出这样的女声：嗯，你的判断非常准确，了不起！

此时，几乎全班同学都在微笑，争先恐后、踊跃发言的氛围正在形成。

师：第三个图形如何呢？

生：是角，因为它有一个尖尖的点、两条直直的边。

师：我们来听听机器人的观点。

（点击电脑）电脑中发出这样的男声：太聪明了，我与你有同感，保持住呦！

······

尚未发言的学生显得有些失望。最后一个问题回答完毕后，意犹未尽的氛围马上充满课堂······

5. 效果分析

课后，执教教师根据平时的课堂表现分层选择了三个层次的学生（每班10名），反馈结果汇总如下：

（1）平时课堂上踊跃参与、积极发言的一类学生

问：你觉得今天的数学课上，同学们的表现与以往有什么不同吗？

答：今天大家都很积极。

问：你觉得是什么导致的呢？

答：电脑里那个人太搞笑了，他会和我们说话。

问：他说的这些话，老师平时也会说呀，你们怎么没这么高兴？

答：您说得没他说得有趣、好玩······

（2）平时课堂上几乎从不举手的一类学生

问：你觉得今天的数学课上，同学们的表现与之前有什么不同？

答：（思考了一会）呃，不知道……

问：在今天的课上，你与平时上课有什么不同呢？

答：今天我回答了一个问题。

问：今天为什么想举手回答问题呢？

答：因为我想听听电脑里的机器人对我会说些什么。

……

在 69 名学生中，几乎所有学生都是因为对多媒体语音评价感兴趣，想要知道他还会说些什么而举手回答问题。虽然这些评价语言并不独特，平时课堂中教师也会经常使用，但是，形式的新颖、新奇产生了意想不到的效果。

这说明，适时改变评价形式，的确可以有效调动学生主动参与课堂。虽然教师说得少了，而学生却更爱听了、更主动了，何乐而不为呢？

对于上面的案例，你是如何看待的？改变评价方式，能提升评价的效果吗？你有类似的课堂尝试吗？

互 动 对 话 如何实施课堂教学评价？

一位同行给出"教师处理教材能力"的评价标准，你是如何看待这个标准的？你能验证（或者推翻）这个标准吗？

案例：教师处理教材的能力

1. 教学目的

教学目的正确，目标明确，符合大纲和教材的要求，注重科学世界观的教育，符合素质教育要求，注重创新意识和能力的培养。

2. 教学内容

知识正确，无科学性错误，注重理论联系实际，重点突出，难度适宜，容量适中，教材处理恰当，合理设计教学情景，问题（活动）设计具有科学性、启发性。

3. 教学方法

贯彻启发式教学的原则，充分体现学生的主体地位，主导与主体的关系处理得当，能及时抓住反馈信息，启发引导学生的创新性思维，灵活处理学生反映的问题。

4. 教学手段

根据教学内容，恰当运用教学媒体，做到形象思维与抽象思维相结合，设备操作熟练规范。

5．教学过程

课堂教学结构合理，节奏适度，讲练时间分配恰当，教学效率高，练习有层次性，启发性，注意能力培养，学生学习情绪饱满，能积极主动参与教学，活动面广。

6．教学效果

达到教学目的，全体学生理解并掌握了教学内容，课堂气氛活跃而有序，学生思维活跃，具有创新性，有一定的广度和深度。

7．教学基本功

语言清晰，准确，富有感染力，普通话标准教态和蔼，亲切，学生易于接受板书设计合理，工整，使用教具或作图规范（体育课示范动作规范标准）。

研究建议：建议选择一位优秀教师、一位新手（其处理教材的能力有显著差异），选择同一个内容（同一个版本），采用上面的评价标准，针对同一个内容，对两位教师进行评价，如果你的评价结果显示，两位教师差异不显著（或者水平高的人得分反而低），表明上述"标准"有问题。如果评价结果与两位教师的实际水平一致，请分析上述标准的合理之处。

思 考 与 活 动

我们究竟应该怎样理解评价与课堂教学之间的关系呢？

针对教学评价与课堂教学之间的关系，有两种典型的观点：

观点1：课堂教学需要精心设计，而后付诸实施，而要检验实施的效果，就要进行教学评价。亦即，教学评价的核心功能在于检验课堂教学实施的效果，课堂教学评价构成课堂教学的最后一个环节。

观点2：评价时时刻刻在发生：从课堂教学的第一个环节，到课堂教学的最后一个环节，都存在评价问题。无论是课堂教学的目标设计、内容选择、教学流程设计，还是课堂教学的具体实施过程，以及课堂教学效果的评定，都需要评价参与其中，都需要将价值判断置于其上。亦即，课堂教学评价存在于课堂教学全过程，而外显于课堂教学效果的评定阶段。

（1）对于第一种观点，你是否很亲切、似曾相识？其核心在于目标为本的评价理念。对于这种观点，你是怎么看的？第二种评价的核心是过程为本的评价理念。你怎么看待过程为本的评价理念？

（2）对于过程为本，有学者认为"上课就是一个评价的过程"，为此，需要将课堂教学评价区分为课前评价、课中评价、课后评价，从而设计了如下图所示的教学与评价的关系图：

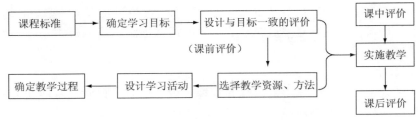

图 5 - 2

其核心目的在于"体现课标、教学和评价三者具有内在统一性"。对此，你持怎样的观点？

拓 展 延 伸 相关文献的阅读摘要

论著：《教师课堂教学评价指南》（第 5 版）

作者：［美］詹姆斯•波帕姆　著

　　　　王本陆，赵婧等译

出版社：重庆大学出版社

出版日期：2010 年

简介：该书用通俗而优美的文字，呈现了教师们必须了解的有关课堂教学评价的内容。其主要内容包括：教师为什么需要了解评价，评价的信度、效度，偏差的克服，决定评价什么和如何评价，选择一反应测验题，建构性反应测验，表现性评价，档案袋评价，情感评价，促进教师发展的评价，教学导向评价，标准化测验分数的解释，恰当与不恰当的备考方式，评估教师教学，评定学生等级。该书致力于培养读者形成对测验与教学之间关系的正确认识，并且意在强调"指导"具有的重要价值。

　　作者詹姆斯•波帕姆（W．James Popham）是一位有着丰富教学经验的资深教师，加利福尼亚大学洛杉矶分校教授。近年出版的著作主要有：《教育领导的评估》（2006）、《测验的真理：一个教育者对行动的呼吁》（2001）、《更好地测验、更好地教学：评估的教学角色》（2003）、《美国"失败"的学校：家长和教师如何应对"不让一个孩子掉队"法案》（2005）、《掌握评估：教育者的自我服务系统》（2006）。

第六章　课堂教学观察的组织与实施

【学习要求】

1. 了解课堂观察组织实施的必要性与紧迫性。
2. 理解课堂观察组织实施的具体程序，掌握课堂观察的基本要领。
3. 分析讨论课堂观察的发展趋势，了解课堂观察发展变化的基本特点。

提 出 问 题　如何具体组织课堂观察？

如众所知，提高课堂教学的实效性，是基础教育课堂教学研究的焦点和难点。具体实施课堂观察，需要把握一定的程序、技术和方法。

课堂观察作为一种重要的教育研究方法，近年来在我国被广泛运用。课堂观察在我国从研究者视野的理论探讨到课堂教学实践中的应用，再到作为教师专业能力提升的工具，其实践角度的工具价值已逐渐被一线教师认可。课堂观察正逐步进入中小学的课堂教学研究活动中，成为提升教师专业能力的一条有效途径。

课堂观察是观察者借助一些工具直接或间接地从课堂中获取信息的技术手段，不同于无意识或潜意识的生活中的观察。

在中小学教育教学实践中，课堂观察的主要目的在于教学行为改进和教师专业成长的实践需要，为此，需要从组织技术的层面开展相关研究。

课堂观察既可以区分为定性观察与定量观察，也可以区分为团体观察与个体观察，其过程可以区分为课前会议、课堂观察、课后会议。这种三阶段的分法逻辑层次简单，能够为大多数人接受。

但是，究竟如何开展课堂观察？需要结合中小学实际开展案例研究。

理 论 阐 释

　　课堂观察是在个体分工合作基础上的团队合作行动，因此，课堂观察实践就涉及个体和合作体两个方面的技术实践，下面分别加以介绍。

一、团队课堂教学观察与诊断的组织与实施过程

　　根据课堂观察的概念，课堂观察是一个多方持续合作研究的共同体。组建合作体的初衷是基于课堂的丰富性与复杂性，避免课堂观察行动的简单重复与"不合而作"，而要保障合作体的正常运转，就必须依靠一定的程序，以保障其专业性。

　　（一）课前会议

　　课前会议的目的：让合作体成员明白，观察什么——观察者带着清晰的目的进入课堂，怎么观察——观察者作好必要的准备走进教室，同伴将观察什么——观察者之间、观察者与被观察者之间知己知彼，有的放矢。

　　课前会议的程序：

　　第一步，上课教师说课，主要陈述如下五个问题：

　　（1）本课的内容主题是什么？在该课程中的关系与地位怎样？

　　（2）介绍一下本班学生的情况，包括学优生与学困生的座位各在哪里？

　　（3）你想让学生明白什么？重/难点在哪里？你准备如何解决？

　　（4）介绍一下本课的大致结构，包括创新点与困惑。

　　（5）你将如何、何时知道学生是否掌握了你打算让其掌握的东西？

　　第二步，观察者与被观察者围绕上述问题展开商讨，并确定观察点。

　　课前会议的时间：至少在课中观察的前一天举行，耗时约 15 分钟左右。

　　（二）课中观察

　　课中观察是指观察者进入课堂，选择合适的位置，依照事先的计划观察记录所需信息。

　　例如，在小学梯形面积公式的教学中，观察表明，两位教师分别采取如下问题开展教学：

　　方式 1：我们知道，两个完全一样的梯形可以拼成一个平行四边形，那么，拼成的平行四边形的高和原梯形的高有什么关系呢？拼成的平行四边形的底和原梯形的哪两条线段有关？拼成的平行四边形的面积和原梯形面积有什么关系？怎样求这个梯形的面积？

方式 2：两个完全一样的梯形可以拼成一个什么样的图形？拼成的平行四边形的高和原梯形的高相等吗？拼成的平行四边形的底和原梯形的上底与下底的和相等吗？拼成的平行四边形的面积等于原梯形面积的几倍？平行四边形的面积怎样计算？梯形面积又怎样计算？梯形面积为什么是上底加下底的和乘以高，还要除以 2？

不难发现，前者设计的问题给学生留下的思考空间较大，有助于培养学生独立思考、自主学习的习惯；后者的提问不仅问题域过大，而且问题数量过频，而且过于直白、琐碎，这将直接抑制学生学习的兴趣以及参与回答的热情。

（三）课后会议

课后会议的目的：让观察者和被观察者根据观察结果进行探讨、分析、总结，形成共识，制定后续行动跟进方案。

课后会议的程序：

第一步，被观察者简明扼要地进行课后反思，主要围绕下列问题展开：

（1）这节课的学习目标达成了吗？

（2）谈谈各种主要教学行为的有效性？

（3）谈谈有无偏离自己的教案。

第二步，观察者简要扼要地报告观察结果，报告时应遵循简明扼要、基于证据、即时回应、避免重复四个原则。

第三步，形成几点结论和行为改进的具体建议，会议结束时，合作体商讨跟进观察的方案。

二、教师现场课堂教学观察的实施过程

在一次课堂观察中，观察者的观察流程大致可以概括为：确立观察点——开发观察工具——进入课中观察——师生调查——作出推论建议——撰写观察报告。对准备采用课堂观察的教师来讲，课堂观察的实施大致有以下几个阶段：

（一）准备阶段

进入课堂进行观察前应做好充分的准备，做到有备而来。如果进入课堂前没有做好准备，也没有计划和思路，听课后则无法给予教师高效率的指导和建议。

首先，确立观察点。课堂的丰富性和复杂性，要求观察者进入课堂之前，应明确自己的观察目标，以便观察时能聚焦课堂中的某些问题/现象/行为。确立观察点的依据是课堂观察框架，从中寻找"我"感兴趣的问题，或被观察者

的要求，或合作体的共同目标。需要特别注意的是，不是所有的课堂现象都可以成为观察点，只有遵循可观察、可记录、可解释的原则，才能实现观察目的。例如，"探究精神是怎样培养的"和"探究能力是怎样培养的"这两个观察点，相比较而言，后者的可观察性、可记录性和课后的推论更具可操作性。

其次，开发观察工具。只带着观察点走进教室，可能依然难以观察，或者难以记录信息。需在观察前将观察点转化为可以操作的观察量表，在表中列出观察点分解后的要素。但观察点都有许多构成要素，若将它们都设计成观察指标，既无必要也不太可能观察记录了。解决的办法是先厘清观察指标的逻辑体系，再根据可观察、可记录、可解释、抓大放小的原则筛选。一般而言，观察量表的开发流程是：观察者研究分析观察点的构成要素——观察者设计初稿——教研组研讨——观察者定稿。可见，开发观察量表的过程就是理论学习和实践反思的过程，量表具有"此人此表"的个人色彩，具有"此情此景此课"的针对性，它实质上反应了观察者的学术水平和专业涵养，是决定观察质量最重要的因素。

表 6 - 1　学生对核心知识的理解和运用

观察指标（以认知层次为序）	典型行为记录					
	教学环节一		……		教学环节 N	
	教师	学生	教师	学生	教师	学生
1. 用自己的话去解释、表达所学的知识						
2. 基于这一知识做出推论和预测，从而解释相关的现象，解决有关的问题						
3. 运用这一知识解决变式问题						
4. 综合几方面的知识解决比较复杂的问题						
5. 将所学的知识迁移到实际问题中去						

（二）观察阶段

对于事物的观察需要观察者对事物具有一定的敏锐度，善于捕捉事件及现象的关键特征。课堂观察所以可以作为促进教师专业发展的一个关键手段，是因为在教学研究中的课堂观察与诊断的效果可以通过明确观察目的，掌握相关概念，熟悉观察工具等环节切实得到保障，提升每一位教师对于课堂观察的敏锐性。课堂观察阶段工作的顺利推进得益于准备阶段所设定的观察目的、观察工具的便利性和准确性。应注意的问题：一是观察者应提前进入教室，与有关学生进行适当交流，以便对该班的学习和教学情况有所了解。二是根据观察点的性质、观察量表的特点以及班级的实际情况选择观察位置，以适宜获取信息、不影响学生学习和教师教学为原则。

一般来讲，一个完整的课堂教学观察包括"看"和"分析研究"——即收集和分析资料两个部分。进行课堂教学观察首先要做好计划，选择恰当的、可行的观察手段，其次做好观察记录，最后是讨论、分析、研究和反思实践。具体地讲，由以下几个步骤构成：

（1）明确观察目的、如何观察等问题。

（2）搜集有关观察对象的文献资料，了解观察"情境"的相关情况，如师生背景材料、课堂环境、观察工具等。要对所要观察的情况有一个最基本的认识，为观察的顺利进行做充分准备。

（3）选择观察方法，编制观察提纲，印制必要的观察记录表格问卷，观察提纲应有一定的灵活性。

（4）实施观察。根据观察目的进行有计划、有步骤、全面而系统的现场观察，特别注意观察记录过程中的"疑问"。

（5）资料收集、整理、补充。

（6）（合作）分析研究、写出心得体会和反思教学实践。

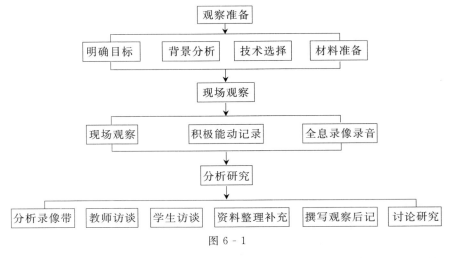

图 6 - 1

在实施观察过程中，观察者所经历的程序可能会随着观察的目的而有所变化。例如，若是同行听课、相互观摩，主要是为了学习、借鉴他人的长处，则须了解教学背景条件，充分理解教学，对教学结果做有实际背景的差异比较，写出观察后记；若是一个评价者，则须建立充分的评价指标体系，解释并让教师了解其主要内容，最后写出评价意见，并提出改进建议；作为研究者，是为了在理解课堂教学的基础上，寻找改进教师的教，促进学生的学的途径。不仅要提出改进建议，还要做深层次的理论探讨，甚至计划多次观察，对特殊的个案要编制 CD - ROM，供进一步研究、交流或案例教学之需。

课堂教学观察是一项有目的、有计划的教研活动。解决要观察什么，即确定观察视角是开展课堂观察研究中的首要问题。在诸多教学观察活动中，很多教师的课堂观察记录成为授课者"教案的翻版"，缺乏目的性，且包含的信息量小。关注重点在于记录授课者对教学内容的"处理结果"，观察者大多倾向于了解授课者做了什么，较少分析为什么那样做，这是一种重结果轻过程的做法。这与某些教师长期形成的"灌输式教学"习惯有关。目前，正在倡导教师的反思教学，但大多数教师对课堂教学中的行为表现缺乏感知，要改变这种状况，有必要注重教学观察的指导。

（三）记录与分析阶段

这个环节有三个步骤：

第一，信息处理，课堂中获得的信息，可能很多，也可能不足，还可能要和同伴互通有无。因此，采用适当的技术对观察信息进行处理，是得到结果的前提。

第二，结果分析，建立分析框架，采用适当的分析工具分析观察结果。

第三，适当推论，这是一个专业判断的过程，所谓"适当"，是指推论时要基于"此情此景此人此课"，基于"证据和同理心（互换思考）"，基于"成功之处、个人特色和存在的问题"。

因时间限制，课后会议上观察者和被观察者的思考、探讨并不充分，而课后会议结束后撰写课堂观察报告，就能起到督促双方深度思考的作用。在此基础上，再形成合作体课堂观察的完整课例，全景式反应观察的过程和结果，积累第一手教研资料。

（四）反馈阶段

约翰·斯图尔特·密尔在《自由论》[①] 中指出，一个人能够对某个问题有所知的唯一办法是听不同的人对这个问题提出的不同意见，了解具有不同思维特点的人是如何使用不同的方法来探究这个问题的。所有有智慧的人都是通过这种途径获得智慧的。人的智力的本质决定只有这种方法才能使人变得聪明起来。

但在反馈阶段的评价主体仍然要注意以下几个问题：充分尊重教师的劳

---

① 约翰·斯图尔特·密尔. 论自由 ［M］. 许宝骙译. 北京：商务印书馆，2005.

动，充分肯定教师的成绩和进步；指出问题时要有理、有据、有度，采用讨论交流的形式。有效的课后反馈会使执教教师乐于收到教学情况反馈并在自我反思中尽快有所改进，使所有听课、评课教师都能从对话中获益，提升对教育教学的思考水平。

三、课堂教学录像分析的若干技术要领

（一）课堂教学录像分析与微格教学

课堂教学录像分析研究方法，于 20 世纪 60 年代用于新教师培训，如师范教育中采用的微格教学方法。录像分析的成功取决于录像带质量以及提供的信息资料的可信度。录像记录的内容不仅与课堂中的教与学活动有关，也与摄像机的正确使用有关。鉴于观看录像时可能有反复播放与倒带的不便，在进行录像分析之前若能把录像转为数据化的信息存储在 CD - ROM 中（由于 CD - ROM 存放的时间长，重复播放方便而不易损坏），会比录像带更有可能进行深入的分析，可以一节课建一个 CD - ROM。随着我国中小学教育设备条件的改善，这种课堂教学录像研究的方法将越来越有可能实现，尤其是教师可用其进行自我教学的分析和研究。

课堂教学录像分析这一研究课堂的分析方法类似于微格教学，微格教学更多地应用于职前师范教育，而课堂教学录像分析则在教师职后专业发展中得以便利的实施。

微格教学（Micro Teaching）是一个有控制的实践系统，它使师范生和教师有可能集中解决某一特定的教学行为，或在有控制的条件下进行学习。它是建立在教育教学理论、视听理论和技术的基础上，系统训练教师教学技能的方法。[①]

微格教学的实施步骤大致分为以下几步：理论研究和组织；技能分析示范；微格教案设计；微格实习记录；小组观摩评议，决定是否再循环（若循环回到步骤 3，反复）；总结。

课堂教学录像的分析步骤大致遵循以下几步：

（1）选择课的样本。

（2）课堂实录（数字化处理）。

（3）课堂教学结构分析（课堂结构编码，课堂记录表）。

（4）教师行为分析（常规教学行为分析，师生交互行为分析）。

（5）教师讨论与反思。

---

① 荣静娴，钱舍. 微格教学与微格教研 [M]. 上海：华东师范大学出版社，2000：1.

微格教学虽然在操作方法与程序上与课堂教学录像分析有很多共通的地方，但两者间的差异也很显著。微格教学训练的技能具有单一的集中性，而课堂教学录像分析的目的则相对多元化。

（二）课堂教学录像分析的技术要点

课堂是复杂的环境，在任何特定时间内都有许多事在进行中，摄像师在摄像时就需要作出许多决定。课堂录像要反映每节课的全部，摄像机在上课一开始就打开，直至课结束时关机，这样便可通过测量录像的长度来研究课上活动的时间。一般来说，要用多部摄像机才可能记录下课堂上发生的整个事件。

1. 了解课堂教学背景

在进行录像和分析之前首先应先了解教学背景，以便明确观察研究目的及分析的重点，同时确定主要观察对象（人或事件），使摄像者心中有数。作为研究者，对任课教师进行访谈十分重要，可以了解课的前因后果，有利于合理地研究该课。

课堂教学录像研究中研究者需要了解的内容如下：

（1）任课教师的教学设计是什么？包括教学目的、教学过程和教学形式的预先选择。

（2）实际的教学过程是否按照原先的设计而开展？其中有哪些变化？在教学中是如何处理这些变化的？

（3）班级学生的背景情况，包括学生的认知水平发展、学生间的差异程度、班级常见的课堂气氛等。

（4）任课教师从事教学的背景情况，包括对本学科知识及其教学的掌握情况、常见的教学特点等。

（5）任课教师对本节课的自我评价。

2. 现场录像的焦点

对特定的学生对象记录：假设录像前确定了对课上理想的学生（上课时注意力一直集中的学生，当老师讲课时，他专心地听讲并认真思考；当老师提问、或向全班展示作品、或发言时，他的注意力便投向其他的同学；当老师布置独立学习任务时，他便进行个体学习）进行记录，那么就用摄像机对准他，使其在任何特定的时间都在镜头的焦点上。也就是说，把摄像机对准他，拍下他专心上课的全过程。如果不同的学生从事不同的活动，理想的学生便假设为做绝大多数学生正在做的事。

对教师记录：不管要记录的特定的学生在做什么，一定要拍下教师授课的每个细节。一般来说，这是可以做到的，但有时也会有冲突。例如，当班上大多数学生都在自己的座位上学习，有两名学生在黑板上解决问题，这位特定的学生正专心于自己的学习，而未注意老师时，摄像师必须超越计划来决定该拍什么。

其他情况：在录像过程中往往会遇到一些偶发情况，这时候摄像师应选择可比较的场面，最大限度地摄下尽可能多的信息。

显然，课堂教学录像研究的技术是高要求的，但它为全面深入和科学客观地研究课堂教学提供了更有效的工具，有利于在不同的时间进行研究，也有助于不同的研究者去分析研究，这样可以使研究更持久、更彻底。

案 例 运 用

案例1　一节音乐课的个体课堂观察①

观察目的：通过课堂观察这种形式，对自己和学生的教与学行为进行反思，并作出相应的尝试与调整，提高学生聆听音乐的有效性，使之成为学生"唱会歌、唱好歌、会唱歌"的有效途径。

观察方法：笔者对甲乙两班的聆听唱歌环节采用的是个体的自我观察，即课后及时回忆有关教学细节和片段，找出并分析教学环节无效或低效的缘由，提出有针对性的改进措施。（个体观察、对比观察、课后反思）

课例描述：《牧童之歌》是苏教版三年级上册第六单元《牧笛声声》中的一首学唱歌曲。这首新疆民歌欢快活泼，深受小朋友的喜欢。甲乙两个班级的小朋友学唱了这首歌，但由于聆听的习惯、方式方法不一样，接下来的歌唱表现也不尽相同。

甲班——

聆听：教师引导学生第一次聆听歌曲范唱，提出聆听要求——感受歌曲的情绪。聆听第一遍旋律时学生很合作，能静下来听；复听开始，学生便迫不及待地跟着哼唱了起来。看得出来，学生很喜欢这首歌曲，为了不影响学生学习音乐的兴致，教师只是用手势提示学生安静聆听，但还是有同学控制不住自己。再次复听时要求学生边听边自由律动以感受歌曲的旋律情绪。这种方式很受甲班学生欢迎，大家的表现也是很投入的，不能自己的小朋友也还是很粉丝地跟着范唱哼唱起来。

唱歌：在此环节，聆听凸显出来的效果是比较低效的。最大的问题是第三

---

① 本案例摘引自：张中秋. 曲随心"听"，"聪"慧之门：基于音乐教学课堂观察的中低年级学生聆听习惯培养的实践研究［J］. 长三角教育，2012（1）.（略有修改）

乐句前半句：3 4 5 . 6 ︱ 5 4 3 . 2 ︱，很多学生唱成附点在前：3 . 4 5 6 ︱ 5 . 4 3 2 ︱，教师多次范唱纠正，效果不明显，特别是那些喜欢在聆听时就不能自己的学生尤其明显，点名个别指导演唱，还是没能矫正过来。最后听辨一下，班里有十几名学生还是唱成第二种节奏。只好课后请音准节奏好的小朋友做小先生教唱。第二节课上教师继续范唱，请学生模仿，再反馈，效果好了些，齐唱音准节奏比较整齐了，力气和时间却是花了不少。

观察分析：

甲班出现唱歌难点解决不够彻底的原因是：

（1）由于与甲班的合作教学时间不长，大多数学生良好的聆听习惯还未养成。

（2）聆听歌曲时，没有及时果断地纠正学生急着哼唱的行为，致使部分学生聆听效果低效或无效。

（3）（初听歌曲时）边听边律动的聆听方式再次降低了聆听的有效性。

（4）聆听歌曲的遍数较少。

改进措施：

针对甲班出现的低效教学行为，笔者在乙班同题上课时，进行了如下的尝试。

乙班——

聆听：乙班是一直在合作教学的班级，从一年级开始，就有意识地引导小朋友"唱歌前，让我们的小耳朵先来听听歌曲"的聆听习惯。因此，相比较而言，乙班的聆听习惯已初步建立，大多数学生会按要求来聆听。有了甲班的前车之鉴，在两遍静心聆听后，请小朋友听第三遍，要求用手势大致表达出第1、2、4乐句旋律的高低起伏，用"无声沙球"（小朋友握拳状，做沙球打节拍）伴奏第3乐句；接下来，再次引导小朋友静心聆听："你的小耳朵能听出几句歌词呢？"乙班的小朋友表现良好，指名反馈时有些能哼唱一句，也有能念白出2—3句歌词的。当学生念到"骑上骏马扬起鞭，赶上牛羊下河滩"时，教师适时范唱（聆听难点乐句），引导学生听辨出歌曲中的附点节奏，并能用手势即时表现出来，之后引导学生模唱这一乐句，旨在加深学生对这句歌词节奏的熟悉。

唱歌：用同样的方法学唱歌曲，要求：第一遍教师以较慢的速度范唱，学生开口默唱；第二遍还是慢速轻轻听着琴声唱词，唱后反思自己有哪句唱起来不顺，在第三遍跟唱时就认真聆听同学演唱这乐句，会唱的乐句可以跟唱；三遍唱下来，对于第三乐句的掌握还是比较顺畅的，没有甲班所产生的反复纠正的现象。

案例 2　《小数的加法和减法》一课的现场观察^①与分析

这是一位小学数学教师进行的个人的课堂观察，该案例反映课堂观察方法的具体应用，集中反映教师主导性主体作用对学生认知水平的影响。

（一）案例背景

1．样　本

表 6 - 2

学校类型	年级	学科	课型	班额（48 人）		教　　师				
省级实验小学	四年级	数学	新授	男	女	性别	年龄	教龄	学历	职称
				24	24	女	32	10	本科	小学高级教师

2．教学变量控制

2001 年 11 月 8 日上午第一节课，执教班为深圳某实验小学四（3）班。课时计划 40 分钟，实际用时 41 分 50 秒。执教者借班上课，课前与学生接触 1 分 30 秒，基本上反映了自然情景下的教学。

3．授课背景

（1）本课系人教版小学数学教材第八册的教学内容。按教材的编排，在此课之前，学生应进行小数的意义和小数的性质的系统学习。但授课班级学的是上海版的教材，到五年级的第一学期才真正接触小数的系统知识，这便增加了学生对小数加、减法计算的原理（小数点对齐的目的是为了统一计数单位）理解的难度。

（2）为解决学生认知结构衔接的问题，小组成员决定请求原代课教师进行小数意义和小数性质的铺垫，以便为学生的学习搭好"脚手架"。于是，原代课教师利用两课时对小数的意义和性质进行了铺垫。

（3）经过和原代课教师的接触，小组成员了解到本班学生在三年级时已经接触到了小数的初步认识和简单的小数加减法，是利用元、角、分引入的。

4．观察目的

（1）教师主导性主体作用对学生形成高认知水平的影响。

（2）教师过多或过少地发挥主导作用，对学生认知水平的影响。

---

① 这个案例是深圳小学数学教师蒋硕在攻读东北师范大学教育硕士期间完成的，指导教师是孔凡哲教授。

5．主要观察技术选择

（1）全息性课堂教学录像。

（2）课堂教学片段实录。

（3）提问技巧水平检核表。

（4）提问行为类别频次表。

（5）教师课堂巡视路线图。

（6）学生学习效果检测分析。

（二）教学过程程序和片段分析

1．课堂教学程序表

表 6－3

教学环节（时间）	主要教学过程	板书、大屏幕
一、复习铺垫 认定目标 （2分20秒）	出示复习题，学生口答并订正。 这节课我们继续研究小数的加减法。	投影： 1．利用小数的性质化简： 　0.30　　4.080 　0.312　0.060　7.00 2．口算： 　0.8－0.2　　0.6＋0.3 　0.1＋0.7　1.2－1.2 板书：小数加减法
二、导学达标 形成新的 认知结构 （31分20秒）	1．探究小数加减法的计算方法： （1）小组合作计算两件商品的总价。 （2）组内交流列式依据与计算方法。 （3）全班交流列式依据、计算方法、小数点对齐的依据。 （4）引导总结小数加法的意义与计算方法。 2．巩固练习。 3．小数减法： （1）出示题目、列式并揭示减法意义。 （2）独立计算后小组交流。	投影（依次显示）： 　1.97　　　6.80　　　　2.18 ＋1.23　＋5.6　　＋9.25 　　　　　　　　　　　　11.43 　12.8　　　4.45 ＋1.39　＋1.12 　14.19　　5.57 板演： 4.375＋3.405　12.15＋8.4 投影： 　　锤子（图）　锁头（图） 　　？元　　　　4.3 元 　　　　＼　　　／ 　　　　7.85 元

教学环节（时间）	主要教学过程	板书、大屏幕
二、导学达标 　　形成新的 　　认知结构 （31分20秒）	（3）（边出示实物图边口述题目） 　　用10元钱买一瓶价格为8.46 　　元的洗发水，应找回多少钱？ （4）全班讨论小数减法的计算 　　方法。 4. 巩固练习。 5. 学生自己总结小数加减法的计 　　算方法以及与整数加减法的异 　　同，出示法则。	投影： 10元　　洗发水（实物） 　　　　　　　8.46元 板演： 7.81－4.35　　0.4－0.125 投影： 小数加减法的计算法则：计算小 数加、减法，先把各数的小数点 对齐（也就是把相同数位上的数 对齐）。再按照整数加、减法的 法则进行计算，最后在得数里对 齐横线上的小数点点上小数点。
三、达标测评 　　实际应用 （7分30秒）	1. 判断对错，并找出错误原因： 2. 发展性练习：请在条件中任选 两个有关联的数据提出一个问题， 然后列式解答。	投影： 　21.6　　　　3.82 ＋ 5.4　　　＋12.5 ―――――　――――― 　27.0　　　　15.07 　8　　　　　13.6 －3.147　　 － 4.78 ―――――　――――― 　5.147　　　9.92 投影： 　　　　　爸爸　　　　小杰 体重　78.32千克　30.18千克 身高　1.8米　　　1.35米
四、课堂总结 （40秒）	这节课你有什么收获？	

2. 研究者利用课堂实录和全息技术撷取的几个镜头片段和简析

镜头一：贴近学生实际的教学内容

原教材如下所示：

我们已经学过一些简单的小数加、减法，现在再来看两个例子。

例1　少先队员采集中草药。第一小队采集了3.735千克，第二小队采集了 4.075 千克。两个小队一共采集了多少千克？

$$3.735+4.075=7.80（千克）$$

```
  3.735
+ 4.075
───────
  7.810
```

把千克数改写成克数
3735
+ 4075
7810

答：两个小队一共采集了 7.81 千克。

小数加法的意义与整数加法的意义相同，是把两个数合并成一个数的运算。

做一做：21.6＋5.4＝　　　　12.03＋0.875＝

想一想：小数加法与整数加法在计算上有什么相同的地方？

例2　少先队员采集中草药。两个小队一共采集了 7.81 千克。第一小队采集了 3.735 千克。第二小队采集了多少千克？

（以下内容从略）

从以上编排可以看出：这样的教材内容陈旧，缺乏时代气息与创造潜能，脱离了该班学生的现实生活。任课教师确定的教学目标是：

（1）使学生领悟小数加减法的计算方法，会利用计算法则进行计算，解决实际问题。

（2）培养学生的逻辑思维能力和计算能力。

（3）渗透数学来源于实际又服务于实际的辩证唯物主义观点。

任课教师对原有教材进行了如下处理：

（1）去掉了内容陈旧、叙述单一的应用题，换之以更加新颖活泼、贴近现代生活的情境和问题。如取代"例1"的是一个计算超市中两件商品（实物）总价的问题情境，体现了"数学源于生活，又服务于生活"的思想；取代"例2"的是一道图文应用题，降低了原教材中纯文字应用题的难度，目的是想吸引学生将注意力放在对小数减法的意义和计算方法的探究上。

（2）充实。如原教材"例1"只是讨论了位数相同的小数相加的情况，教者在处理教材时，利用八个小组计算八组不同商品的情境（见教学程序表），对小数部分位数不同的相加情况、整数与小数相加的情况、和的末尾有0的情况等，均让学生独立地做了探索。这样做，一方面大大地丰富了教学的现实内容，拓宽了教材的信息渠道；一方面又能给学生提供充分感知、理解、发现计算规律的机会。从而给学生设置了更大的活动空间，培养学生独立探求数学知识的能力。

镜头二：我上得很开心

......

师：谁还愿意上来交流！（学生纷纷举手）

生：$1.23 + 38 = 39.23$

$$
\begin{array}{r}
1.2\,3 \\
+\ 3\,8.0\,0 \\
\hline
3\,9.2\,3
\end{array}
$$

师：他做的与前一题有什么不同。

生：在 38 后面添了两个 0。

师：38 后面的点哪来的？

生：那是小数点。

师：你怎么知道那是小数点？

生：要把小数点对齐，添上 0 就保证小数点对齐了，数位就对齐了。

师：还有不同意见吗？

......

师：还有哪组没有交流，请上来！

......

著名教育家裴斯泰洛尔认为，"算术课的主要目的不在于培养机械的计算能力，而在于儿童才智和力量的普遍发展"。从课堂教学实录来看，执教者力求摆脱传统的教学模式，使学生从被动的机械计算学习转向学生主动参与式学习。学生参与过程，对学生本身也是一种激励。无论在教学的时间上，还是在教学的重点上，这一环节已经成为本节课教学关注的焦点。根据课堂观察的有关数据，我们从习题类型、教学时间、小组交流这三个方面进行分析：

从习题类型来看，教师有意设计了不同类型的小数加法：有小数位数相同的，有小数位数不同的，有整数和小数相加的，有得数末尾有零的，有得数末尾没有零的。让学生亲自体验各类小数加法，根据已有的知识去建构，形成新的计算方法。

从学生独立计算到小组交流共用 15 分 40 秒，总用时 41 分 50 秒，占总课时的 37％。从这一数据来看，执教教师具有强烈的让学生参与课堂教学过程的意识，留给学生足够的时间让学生围绕问题大胆进行独立思考，独立地寻找计算的方法，独立地总结计算方法，在探索的过程中体验成功的乐趣。

从这一片段看小组交流用时 12 分 40 秒，占总课时的 30％来分析，执教教师组织学生进行交流，让学生充分发表自己的观点，这对学生来说是一种自己的理解。尊重学生自己发现，自己解决问题的过程和结果，这有利于学生创新思维的发展，促成了学生的"智力参与"。

课后访谈中，学生均表示"这节课上得很开心"。留出教学的时间和空间，让学生多一些自由表达的机会，多一些自由独立思考的机会，多一些独立探索的机会，是当前课堂改革的重点，可以说在本节课的教学中得到了比较充分的体现。

镜头三：安然地算下去……

当学生做完两道加法的巩固练习①3.75＋3.45 ②12.15＋8.4，对加法的意义和法则完全掌握后，教师出示下图：

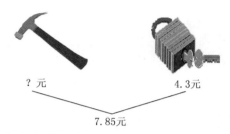

? 元   4.3元

7.85元

师：谁能把图意给大家说一说？

生：锤子和锁头一共是 7.85 元，锁头是 4.3 元，求锤子多少元？

师：会做吗？试一试。做时先列横式，再列竖式。想一想，你是如何算的？

学生独立完成，教师巡视。很快学生做完。

师：（请一名学生）你来说一说是怎样做的！

学生把题展示给大家看：

$7.85 - 4.3 = 3.55$ （元）

$$
\begin{array}{r}
7.85 \\
-\ 4.3 \\
\hline
3.55
\end{array}
$$

师：为什么用减法？

生：已知两个加数的和与一个加数，求另一个加数，所以用减法。

师：这和咱们学过的哪种运算的意义相同？

生：这和我们学过的整数减法意义相同。

接着，教师在大屏幕上出示一瓶洗发精9.1元，教师拿出 10 元人民币也出示在大屏幕上。

师：我想用 10 元钱买这瓶洗发精，请你们帮我算一下应找回多少钱？

很快许多学生算完。

师：怎样列式？

生：10－9.1＝0.9（元）

师：你是怎样算的？

生：我不看小数点，用整数来安然地计算，然后再点小数点。

从这段课堂实录中，我们看出执教教师对教材做了修改。教师在教学中发挥了主动性和创造性。高屋建瓴地驾驭教材，创造性地使用教材，灵活地处理教材，把数学与学生生活接通，使数学走近学生。特别是把教材与学生的生活实际联系起来，使数学教学寓于学生喜闻乐见的活动中。心理学研究表明："学习的内容与学生熟悉的生活背景越贴近，学生自觉接纳知识的程度就越高。"

由此可见："施教之功，贵在引路，妙在开窍。"一旦我们将数学与学生的生活经验紧密联系起来，学生的学习不但理解深刻，而且学得积极，学得主动，学得快乐，学得安然（自然）。

镜头四：老师到底想要什么？

在练习阶段教师设计了这样一道题：

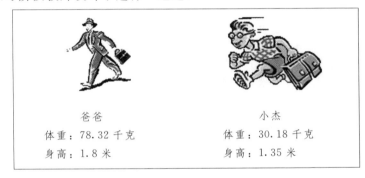

爸爸　　　　　　　　　　　　小杰

体重：78.32 千克　　　　　　　体重：30.18 千克

身高：1.8 米　　　　　　　　　身高：1.35 米

师：请同学们任意选两个数据组成小数加、减法。（学生先独立解答）

师：谁来说说，你是怎么想的？

生：我是把爸爸的体重和小杰的体重加在一起，78.32＋30.18＝108.50（千克）。

师：谁跟他做的不一样？

生：我可以求出爸爸和小杰体重的差。

师：我问的是谁跟他想的一样而做的不一样？

生：得数 108.50 末尾的 "0" 应该去掉，这样可以简便。

师：还有别的做法吗？

……

在这个活动中，教师依据皮亚杰 "重复信息" 的原则，让学生在不同的情境中运用已学知识解决生活中的实际问题。学生非常感兴趣,解决问题的积极性也特别高。但遗憾的是,教师由于受时间的影响,在提问中出现了指向不明的现象。如老师问:"谁跟他做的不一样?"老师问的是什么不一样?是问结果还是计算方法?学生并不明确。而当一学生说:"我可以求出爸爸和小杰体重的差。"老师却让他莫名其妙地坐下,并追问一句:"我问的是想的跟他一样但做的跟他不一样。"在这里可以明显看出,当学生回答的问题与老师提出的问题不一致时,老师有些着急,词不达意,破坏了良好的课堂气氛,同时也挫伤了学生学习的积极性。学生嘴上不说,心中也会想:老师到底想要什么?我这样回答难道不对吗?是啊!学生的回答本身并没有错,关键是违背了老师的意愿,这不能不引起我们的反思。课堂提问是教师开展教学的重要手段,它贯穿于教学的各个环节,成为联系师生双边活动的纽带。好的提问能使学生获得知识,提高能力,激发学生探索解决问题的兴趣。因此,在提问时,教师一定要精心设计,让学生明确思考的方向。同时还要注意追问的技巧,不要急于赶时间,赶进度。对学生的回答,不能一出现与教师所期望的答案不一致时,就简单地让其坐下,更不能牵着学生的鼻子走,让学生去迎合老师。而应根据学生的回答,随机应变,因势利导,充分发挥教师的主导性主体的作用。

(三)执教者反思

在这节课中,教师力求体现"建构主义"的学习策略,在发挥教师的主导性主体作用的同时以学生的主动探究、操作、领会小数加、减法的计算法则,使学生主动构建数学知识。课是上下来了,但一节课的成与败、得与失,执教者心中是最清楚的。下面是执教者教学后的反思。

1.主观着力体现的方面

在了解学生的认知基础上大胆突破教材,设置贴近学生生活的情境。本课是人教版第八册的内容,而实验班是上海市某实验小学四年级上学期的学生。按上教版教材的编排,学生到五年级(第九册)才真正接触到小数加、减法计算。经过认真地询问带班教师,得知这个班在三年级时已经接触到简单的小数加减法,而且是用元、角、分引入的。

课堂教学实践表明,学生对于解决实际问题非常有兴趣。由于采用生活中购物的情境,贴近学生的生活经验,学生对小数加、减法的计算方法的掌握水到渠成,这也证明了"小学生学习数学离不开现实生活经验"。

突破教材一直也是我所追求的,我觉得对教材的"愚忠"会严重影响学生的创新意识。对教材的突破和重组正是教师在教学中充分体现"主导性主体作用"的一个方面。

在这节课中,学生探究小数加、减法的过程是学生自主参与的,小数加减法计算方法的总结、小数点对齐的道理、课后的总结均由学生通过活动领会，并用自己的语言表述出来。教师指令性的问题尽量减少，目的是为了发挥学生的自主性学习潜力。

2. 这节课最大的遗憾是理想和教学现实的差距过大

（1）对学生的原有知识估计过低。或许是原代课教师太负责任，亦或是学生的原有能力较好，原先预想的学生在探究小数加法的计算方法时会出现的认知冲突并没有出现。学生计算准确，法则较明确。学生好像在重复地学，课堂效率相对比较低（与自己所带的班比），课上缺少波澜和高潮。反思起来，关键是教师在备课时过低地估计了学生的认知水平。

（2）教师驾驭课堂的能力亟待提高。教师设计的认知冲突被学生已有的知识冲淡了，但教师并未依据学生的实际及时调整教学行为和教学策略，依然按照原教案进行。这反映了教师的教育机智不够灵活，驾驭课堂的能力较低。如学生已说出小数点对齐的原因是为了"元和元对齐，角和角对齐，分和分对齐"。说明学生对小数加法的计算原理已经到了一定的层次。教师恰恰放弃了这一有利契机，没有深究小数点对齐的目的，把应是探究的知识下降为记忆的知识。

再有，学生经过主动探究小数加减法的计算方法进行思维整理并表述时，缺少科学性，但教师并未进行及时的点拨、指导和纠正，致使整节课学生叙述多次重复"相同数位对齐，小数点对齐，从低位加起"。说明学生并未彻底地将新知经过同化和顺应，内化为自己的认知结构。弗兰登塔尔认为："小学数学学习是一个有指导的再创造的过程"。而教师恰恰忽略了根据学生的应答对学生进行点拨、指导和纠正，影响了学生的"再创造"。

（3）教师的语言降低了学生的认知水平。教师语速快、吐字不清给学生和教师的交流设置了障碍，出现四次所答非所问的现象。教师为了让学生听清，多次重复提问。把具有思考价值的问题下降到"打乒乓球"似的提问，从本应该是"理解、探究的问题"降低到识记的层次，降低了学生的思维层次。

教师激励性的语言单调，只停留于"好，不错"或默认，缺少必要的激励方法。例如，在学生说出"小数点对齐是为了元和元对齐"时，教师并没有意识到这是学生在深刻思考的基础上的表述，没有进行由衷的赞赏；再有，当一名学生提醒大家注意计算结果要点准小数点，否则就"变成1400了"，教师没有意识到这位学生极富责任感而及时地进行鼓励，失去了一次绝好的调动学生积极性的机会。我想，缺少必要的赞赏和鼓励，也是使这节课感到比较"平"的一个重要原因。在教学中，教师一定要注重锻炼自己及时捕捉学生思维的闪光点，进行激励，努力挖掘数学课堂中的"人文精神"。

（四）任课教师对课堂观察的自我诠释与研究

从课堂教学中我们发现，教师的主体性作用能否充分发挥，对学生的认知水平有着保持和降低的作用。教师过多或过少地发挥主导作用是降低学生认知水平的因素。这节课的总体感觉是：教学节奏平缓，学生始终未能进入"愤悱"的学习状态。课堂上虽有"和谐共振"，但教师与学生似乎未能如愿奏响一曲跌宕起伏、和谐共振的交响乐。主要原因如下：

1. 铺垫过度

铺垫过早、过多、过细。依照本节课的教学内容，课前教师只需对学生进行小数的意义、性质以及简单的一位数小数加减法口算的铺垫。但课后在对原班级任课教师的访谈中了解到，由于要面向更多的人上课，授课教师生怕自己的学生在公开课上出"意外"，便将本节课的新授任务做了较多的铺垫（包括计算小数加减法的方法、小数与整数相加减的方法等），过早地给学生进行了解难引路，致使本节课的教学没有波澜，学生对教师精心设计的一道道计算题没有产生应有的热情，学生独立思考的机会大打折扣。本节课最初的设计意图是，想从"街头数学"出发，通过探究性活动掌握计算方法，因此，教学属"探究、理解性水平"，但实际的教学变成了"理解、记忆性水平"。

2. 片面追求教案的完整和课堂的流畅

当学生的认知水平与教师的设想出现差异时，教师未能及时调整进度，变换策略。例如，在教学"小数加法"时，教师将学生分成八个组，要求每组学生共同计算出两件商品的总价（各组商品价格不一），然后各组出示答案并在全班交流，从这八道题依次呈现的次序上看，显然教师未按这几道题的难易程度及内在的逻辑关系作出次序上的调整，致使学生的讨论显得零散，如果教师在巡视中得知"认知冲突"未能实现，就应在引导学生大胆进行探究的前提下，将这八道题采用步步深入、环环相扣的纵式结构出示，或许会在课堂上掀起小小的浪花，激起学生的认知冲突，从而实现教与学的最佳结合。又如，对小数减法部分的教学，较小数加法部分虽有详略张弛（从时间分析表中可以看出），但为了片面追求教案的完整和课堂的流畅，显得有些仓促，使探究的水平有所降低。

3. 教师的激情不到位，致使学习水平降低

从整体上分析，可以看出，本节课，教师想通过语言的交流来营造一种民主、平等、探究的课堂氛围，但在实际的教学中，教师的语言略显平淡、单一。教师对很多学生的良好表现未在语言上表现出由衷的赞赏和积极的回应；教师对个别学生回答含糊的问题，没有明确给出肯定或否定的结论，对某些学生回答不够准确的问题也没有及时纠正。如小组汇报时出现了这样一个场景：

生 1：12.81＋1.19＝14

$$
\begin{array}{r}
12.81 \\
+\quad 1.19 \\
\hline
14.00
\end{array}
$$

相同数位对齐，小数点对齐。

师：你怎么想到小数点对齐的？

生 1：如果不把小数点对齐，就不能元与元对齐，角与角对齐，分与分对齐了。

师：（发现有学生仍高举着手）你有什么意见？

生 2：（郑重地）我想提醒大家做这种题目时，如果不点小数点，14 就变成 1400 了。

在此，生 2 的回答意在郑重地提醒大家注意小数加减的结果不要忘记点上小数点。这时，教师应做出一种积极的、认真的响应。但实际情况是教师只关注了此题的最后结果，却忽视了由此引发的一些有价值的教育因素。如对学生思维批判性、深刻性的明确和推广并未及时捕捉，学生的这种"潜在"的认真负责的精神从教师面前一闪而逝。如果教师抓住了这一点进行弘扬，那么对这个学生甚至对全班学生的道德品质和个人素养将产生重大影响。这不正是我们长期追求的数学课堂"人文精神"的体现吗？

4. 对学生低层次反应忽视

"提问小梯度，反馈低层次"比较明显。例如：在集体讨论八个小数加法题目的算法以引出小数加法一般性的计算方法时，师生问答多次出现诸如"师：说说是怎样算的"及"生：小数点对齐，从低位加起"的重复性问答场景，这种情况还很多。（详见提问层次检核表和提问频次表）。

表 6－4　提问技巧水平检核表（片段）

序号	问　题	问答方式	A：教师提问					B：学生答问				
			1 管理	2 认记	3 推理	4 创造	5 批判	1 无答	2 机械	3 认记	4 推理	5 创造
1	化简后小数末尾的"0"怎么样？（指化简小数）	齐答		√						√		
2	把小数末尾的"0"去掉有什么好处？（更简便）	追问			√						√	

序号	问　题	问答方式	A：教师提问					B：学生答问				
			1管理	2认记	3推理	4创造	5批判	1无答	2机械	3认记	4推理	5创造
3	算出课桌上两件物品的总价，想一想自己用什么方法？（停顿60″）	提示		✓						✓		
4	哪个小组先上来汇报？	先举手再指名		✓						✓		
5	谁来评价一下他讲得怎么样？	先举手再指名			✓						✓	
6	相同数位为什么要对齐？（元对元、角对角……）	追问			✓							✓
7	38后面添上小圆点表示什么？	先举手再指名			✓							✓
8	他做的和哪个小组的不同？（结果后面有0……）	先举手再指名		✓						✓		
9	还有没有跟别人不同的？（停顿3″）	追问		✓				✓				
10	有没有补充意见？计算对吗？	齐答		✓					✓			
11	计算方法都有哪些共同点？列式有哪些共同点？（停顿4″）	思考		✓					✓			
12	列式呢？（重复3遍）（生：数位对齐，小数点对齐）	指名答		✓						✓		
13	为什么用加法？（生：把两个数合并成一个数……）	指名答		✓						✓		
14	和我们学的哪种运算意义一样？（整数加法……）	齐答			✓						✓	
15	什么加法？（整数……）	追问	✓						✓			
16	你觉得怎样计算小数加法？（停顿5″）	思考			✓				✓			

序号	问　题	问答方式	A：教师提问					B：学生答问				
			1管理	2认记	3推理	4创造	5批判	1无答	2机械	3认记	4推理	5创造
17	你认为怎样计算小数加法？（数位对齐，小数点对齐……）	指名答			✓						✓	
18	你们会计算小数加法吗？（数位对齐，小数点对齐）	齐答		✓					✓			
19	0 在这里能去掉吗？（指得数末尾0）（生：行）	齐答			✓						✓	
20	为什么用减法？（因为已知两个数的和与一个加数……）	指名答			✓						✓	
21	这和整数减法的意义怎么样？（生：相同）	齐答		✓						✓		
22	你觉得怎样计算小数减法？（和整数减法差不多……）	指名答			✓						✓	
23	比较一下小数加法和小数减法有什么相同点？（停顿3″，生：相同数位对齐，……）	指名答			✓						✓	
24	谁用自己的话说一说，小数加、减法到底怎样计算的？（停顿3″）	指名答			✓						✓	
25	法则中哪几个词最重要？（小数点对齐……）	指名答			✓						✓	
26	和整数加减法法则有什么共同点？（生：相同数位对齐，……）	指名答			✓						✓	
27	这节课你有什么收获？（生：学习了……）	指名答		✓						✓		

互 动 对 话 如何凭借教学观察结果评判分析课堂教学行为？

（1）对于团队课堂观察与个体课堂观察，你是如何评判其利弊得失的？

（2）如下三个表格中的数据①是针对一节思想品德公开课的课堂观察的数据统计，基于这些数据，你能做出怎样的判断，得出怎样的结论？

表 6‐5　学生参与度观察表

		教学环节 1	教学环节 2	教学环节 3	教学环节 4
专注倾听	人数	48 人	48 人	40 人	48 人
	比例	100％	100％	83％	100％
辅助倾听方式（如查阅、回应等）	人数	21 人	32 人	14 人	15 人
	比例	43％	67％	30％	31％
主动应答	人数	无	20 人	12 人	无
	比例	/	42％	25％	/

表 6‐6　涉及的核心问题及其成效的观察

素材呈现方式	问题设计			学生反应
	主要问题表述	指向明晰度	目标层次	
口头表达	同学们为什么都这么喜欢"江南 Style"这首歌？	较好	分析	积极回答，气氛活跃
口头表达	看完同学们的现场表演，为什么我们都情不自禁地鼓掌呢？	一般	分析	反映不是太强烈，可能是难以用语言表达
幻灯片	采访才艺表演的同学，高雅的情趣是不是为他们的学习和生活带来了美好的感受？	很好	比较	学生反映热烈，生生互动自然
视频	少年为什么会沉迷网络不能自拔？	很好	分析	气氛比较热烈
幻灯片	这一节课，你收获了什么？	很好	理解	气氛比较热烈

---

① 引自：林颖. 基于教学能力提升的课堂观察研究与思考：以一节思想品德公开课为例 [J]. 福建教育学院学报，2013（5）.

表 6 - 7　课堂教学中教师的教学行为观察

教师的教学行为			次数	指向明晰度
教师讲话行为	学生驱动	倾听学生的见解	7 次	/
		称赞或者鼓励	3 次	较为明确
		接受或者拓展学生的见解	3 次	较为明确
	教师主动	提问	7 次	明确
		提供事实或见解	3 次	明确
		指示或命令	2 次	明确
		批评或维护学生	0 次	/
教师演示行为		板书	5 次	明确
		多媒体展示	7 次	明确

思 考 与 活 动

试分析下面两个课堂观察量表[①]，分析各自的合理之处，讨论应改进之处。

表 6 - 8　课堂观察量表 1

课类	总时间	师生交往								生生交往								无交往	
		合计		师个		师组		师班		合计		个个		组组		个班		合计	
		时间	%	时间	%	时间	%	时间	%	时间	%	时间	%	时间	%	时间	%	时间	%
语文																			
数学																			
……																			

---

① 引自：程岭．对几种课堂观察量化工具的简析［J］．教育测量与评价，2013（2）．

表 6 - 9　课堂观察量表 2

学生学习（L）	准备	倾听	互动	自主	达成
教师教学①	环节	呈示	对话	指导	机智
课堂性质（C）	目标	内容	实施	评价	资源
课堂文化（C）	思考	民主	创新	关爱	特质

拓 展 延 伸

论文：《课堂观察：走向专业的听评课》

作者：杨玉东

杂志：《上海教育科研》

出版日期：2011 年第 11 期

简介：论文通过对课堂观察运用到教育研究领域所经历的大致阶段的回顾，以及课堂观察研究的三种价值取向的概括，揭示出当前的课堂观察研究在"教育实践运用取向"、"学科内容角度分析"、"整体上还原课堂"等方面的缺失。基于课堂观察对于教学行为改进和教师专业成长的实践取向、遵循"记录——诊断——评价"的技术路线对作为实践性技术的课堂观察方法做了发展性建构。

主要结论：通过文献述评可以发现，课堂观察在我国从研究者视野的理论探讨到课堂教学实践中的应用，再到作为教师专业能力提升的工具，其实践角度的工具价值已逐渐为一线教师所认可。课堂观察正逐步进入中小学的课堂教学研究活动中，成为提升教师专业能力的一条有效途径。但现有的研究其问题集中体现为："教育实践运用取向"的缺失，"学科内容角度分析"的缺失，"整体上还原课堂"的缺失。

作为实践性技术的"课堂观察"方法的发展性建构，不追求每种方法和技术在理论层面的完美和严密。因为任何方法和技术以及在课堂上获得的"硬性"数据，在观察角度的选择之初、在记录分类时，均已建立在观察者个人主观选择基础上。对于中小学一线教师，只要能够以"能够区分教与学现象、为教与学改进提供依据"为根本目的展开课堂观察，就会为课堂教学改进和专业能力发展打开一个个崭新的视角。

第七章 课堂教学诊断的工具设计与实施技巧①

【学习要求】

1. 了解如何设计课堂教学诊断工具并学习自主开发设计。
2. 了解课堂教学诊断的实施技巧、诊断信息的处理技巧。
3. 了解并掌握课堂教学诊断的常用工具。

提 出 问 题

苏联教育家苏霍姆林斯基指出："只有善于分析自己的工作的教师，才能成为得力的、有经验的教师。在自己的工作中分析各种教育现象，正是向着教育智慧攀登的第一个阶梯。"②

课堂教学是一项错综复杂的实践活动，一节课中，教师要同时与几十名学生交流、互动，完成预定的教学任务，有时还需要关注一些学生的特殊需要。如果不能有意识地观察、记录课堂教学，那么，仅仅凭借常规的课堂组织手段，教师很难全方位地识别课堂教学活动中的成败得失。

课堂教学诊断活动不仅能帮助教师发现教学活动中存在的问题，改善教育教学质量，还能帮助教师提高自身教学能力，促进其专业发展。

为了有效实施课堂教学诊断活动，我们往往需要借助系统规范的技术、工具和方法，客观、准确地记录课堂行为，从而避免个人的主观偏见与随意性。

究竟如何科学地设计课堂教学诊断呢？课堂教学诊断活动中常用的工具有哪些，课堂教学诊断实践中需要注意哪些方面，掌握哪些技巧，需要我们思考与探索。

---

① 本章由梁红梅、栾慧敏（东北师范大学）执笔完成初稿。
② 苏霍姆林斯基. 给教师的建议 [M]. 北京：教育科学出版社，1984：506.

理 论 阐 释

一、课堂教学诊断工具的设计

在实践操作中，我们往往需要借助于一定的工具才能实现课堂教学的观察与诊断。这些工具的设计与使用并不容易，若工具使用不当，不仅无法有效完成课堂教学诊断，甚至可能产生相反效果，误导教师的课堂教学。可以说，课堂教学诊断工具是开展课堂诊断活动的技术核心。

（一）借鉴已有的课堂教学诊断工具

目前，课堂教学诊断在我国中小学课堂教学研究中方兴未艾。在课堂教学诊断的初期，使用已有的诊断工具是许多教研人员的选择。

现有的课堂教学诊断工具多以量表为主：

在国外，拉格（E. C. Wragg）的学生行为观察表、高尔顿（M. Galton）与西蒙（B. Simon）的学生课堂行为观察项目、霍普金斯（David Hopkins）的学生参与课堂活动记录表、爱德·爱默（Ed Emmer）的学生学习认真程度观察量表等，是其典型代表。

在国内，近几年涌现出许多不同类型的量表，主要涉及教师教学、学生学习、课程性质和课堂文化四个方面，包括教师教学时间分配表、教师提问行为观察表、教师讲解行为量表、学生对核心知识的理解和运用观察量表等，种类丰富，几乎涉及课堂教学的每个要素。其中，知名度较高、使用范围较广的应属《余杭高级中学课堂观察框架》[①]。这是浙江余杭高级中学与崔允漷教授带领下的团队集体研讨、试点开发的课堂观察框架，其中包括四个维度、20个视角、68个观察点。与此同时，崔允漷提出课堂观察LICC模式[②]，即课堂教学由学生学习（L）、教师教学（I）、课程性质（C）与课堂文化（C）；该模式由课前会议、课中观察与课后会议三步持续的专业活动组成，它强调专业的听评课必须基于合作、注重证据、崇尚研究，听课即收集证据，评课即基于证据。

在种类如此繁多的量表中，我们如何进行选择呢？崔允漷在其《课堂观

课堂教学观察、诊断与评价

① 沈毅，崔允漷. 课堂观察：走向专业的听评课［M］. 上海：华东师范大学出版社，2008：108—120.

② 同①。

一是已确定的观察点，即具体的观察内容，如要观察教师"教学时间分配"则需要采取定量观察工具，若要观察教师"提问的认知水平"，则应采用定性、定量相结合的工具。

二是观察者自身的特征。例如，观察"学生活动创设与开展的有效性"，如果要从学生参与活动人数与态度来判断，那么，在界定不同态度表现行为的基础上，采用定量记录工具较有效，但这要求观察者有较好的视力和较好的判断能力；如果想从活动性质与学习目标达成情况看，需要记录教学中的行为、对话等细节，这需要观察者记录速度较快，记忆力较好。

三是观察的条件，如观察"课堂对话的效度"，除了具有快速记忆的能力，还需要一些音响记录设备，否则对话过程中的语音、语调等很可能无法记录、无法再现。

（二）自主开发课堂教学诊断工具

有如此多的诊断工具，为什么我们还需要自主开发新的诊断工具呢？正如一位一线教研工作者所困惑的那样："随着课堂观察的深入，大家对使用观察工具的感觉却越来越不对劲。我们发现某些量表的某些项目不知道记什么；而有些数据得到后也不知道怎么解释；由于不清楚量表各个指标间的逻辑关系，不知如何推论；别人设计的量表或问卷背后的理论不得而知。更为糟糕的是，由于观察工具的限制，我们的观察点只能被动地限制在已有的工具上。也就是说，那时候常常是先有观察工具后有观察点。"从中我们可以看出，由于诊断者自身的原因或量表的局限性，导致已有的量表并不适用所有人、所有课堂，这就要求诊断者根据自己对观察点的理解和对自身教学特点的认识来编制具体的观察量表。

观察量表的制定过程基本分为三个阶段：第一阶段是分析设计阶段，必须根据本校实际和面临的具体问题进行设计。第二阶段主要是对分析设计出来的量表进行试用，根据试用情况进行修改、调整。这一阶段非常重要，需要教师团队不断试用、修改、再试用、再修改，直到所设计的工具量表能够解决所关注的问题并且教师能够接受，操作简单。第三阶段是正式使用阶段。

其中，分析设计阶段的基本流程是：第一步，观察者首先要根据诊断目的确定课堂观察的主题。第二步，分析已确定的观察主题，用核查清单的方法列出构成这一观察主题的要素。第三步，确立观察点的行为指标，即观察指标的行为化。第四步，选择记录观察行为的方式，用代码、记号、等级等方式记录

---

① 崔允漷. 论指向教学改进的课堂观察 LICC 模式 [J]. 教育测量与评价，2010（3）.

观察到的行为。最后，结合具体的教学情境将观察主题、观察指标、记录方式等整理成表。

在量表设计与制定过程中，首先，观察内容要具有针对性，要与观察主题相联系，与具体的学科知识以及授课教师的教学设计相联系。其次，观察指标要具有可操作性，即观察指标指向课堂行为，是可观察、可记录的。最后，量表中的文字表述应尽可能通俗易懂，不用教师难以理解的生涩用语。第四，观察项目与观察指标之间的逻辑关系要严密。

二、课堂教学诊断的实施技巧

为了使课堂教学诊断的效果达到最优化，我们需要掌握教学诊断的实施技巧。在课堂教学诊断过程中，我们需要掌握的具体技巧很多，诊断者要在实践操作中不断探索、思考才能充分掌握，在此介绍一些基本的实施技巧。

第一，诊断主体须具备专业理论基础，了解诊断内容。课堂教学诊断是一项专业的教研活动，因此，进行诊断的主体，必须具备必要的专业理论基础。具体地说，诊断者要具有先进的教育理念、一定的教育学、心理学知识、良好的专业知识水平（指具体的学科知识，如语文知识、数学知识等）。除这些基本素质外，诊断者在诊断前还需要了解课堂诊断的内容，明确诊断工具的使用方法。要做到这些，除了挑选合格的诊断主体外，在诊断前还应对诊断者予以相关的培训，保证其具备课堂教学诊断的相关基础知识。

第二，做好与执教者及班级的沟通工作，观察真实的课堂现象。在进入课堂进行实地观察之前，诊断者要做好与授课者的沟通工作，使其明确"诊断的目的是帮助其进行教学改进"，缓解其心理压力；并且，教师在授课前要简单介绍诊断者，以免造成学生的心理负担；在课堂观察的过程中，诊断者要避免扰乱课堂秩序，不穿奇装异服，不与学生进行交流等。做以上工作主要是为了确保授课者能进行常态教学，不刻意经营教学假象，这样才能观察到真实的课堂现象，帮助其改进日常教学。

第三，综合运用定性、定量观察方法，关注教学细节，客观地、有针对性地记录信息。一方面，在进行课堂观察时，诊断者要综合使用定性、定量的观察方法，全面收集所需要的信息。因为定性、定量的观察方法各有利弊，综合使用才能避免单一方法的缺陷，保证信息的客观性。另一方面，诊断者要关注教学细节，具有敏锐的观察能力，不仅要观察教师，还要观察学生，以避免课堂重要信息的遗漏。

第四，进行推论时，要有理有据，进行多角度思考，避免个人偏见。具有主观意识的个体不可避免地存在一些个人偏见，因此，不同个体对看到的同一現象常常會做出不同的解釋。譬如，一節數學課上，教師在講解如何使用量角器時，幾位忘帶量角器的同學走下座位向其他有不止一把工具的同學借量角器，然後返回座位上課，教師對此似乎熟視無睹，繼續進行教學。對這一現象，診斷者 A 認為該教師課堂管理能力不佳，隨意走動的同學影響了其他學生，教師在維持教學秩序方面是失敗的；但診斷者 B 很讚賞教師的這種行為，認為學生借完工具後立即返回座位表明學生只是想參與正常教學而不是搗亂，教師的寬容既保證了教學活動的正常進行，又呵護了學生自由、天真的童心。擁有不同教學理論的人，對同一現象的認識是不同的，診斷者要多聽取他人意見，從多個角度解釋觀察到的現象。此外，診斷者在進行推論假設時，要尋找信息證據收集自己的觀點，如以上的 A 與 B 就需要進一步了解班上其他學生對上述現象的看法，了解他們是否因為這些走動的同學而影響了聽課，是否希望教師制止這種行為。

第五，基於教學改進的目的提出切實可行的建議，並進行行為跟進研究。在進行課堂教學診斷時，教師不僅要發現問題、找到原因，更重要的是要找到切實可操作的解決問題的方法。診斷者將這些方法提供給教師的同時也要聽一聽教師對這些建議的想法，長期與班級接觸的教師，有時比診斷者更了解一些課堂現象的實質。在向教師進行建議時，還須注重溝通的技巧，語言委婉、態度真誠，盡量做到只描述客觀事實，不作評價性批判。此外，課堂教學診斷是一個循環的過程，強調連續性的效果。提出教學改進的建議不是課堂教學診斷的終端，診斷出的問題往往是教師長期以來的習慣所致，矯正惡習並非易事，往往需要診斷者進行有計劃的跟進監督與診斷跟蹤服務。

第六，診斷者與授課者共同參與診斷活動，培養教師自我診斷意識與能力。在課堂診斷活動中，診斷者除了要與授課教師做好溝通工作以外，還應讓教師了解診斷的過程，參與到診斷活動中來，而不是坐等他人建議。在與診斷者的合作與交流中，教師逐步形成診斷的意識，發現自己教學中存在的問題，進而探究問題出現的原因並尋找解決策略。這不僅有助於診斷者更全面地了解課堂現象，提高診斷效果，還有助於提高教師的問題意識與研究意識，有助於培養教師自我診斷的意識與能力。

第七，建立良好的課堂教學診斷機制。建立良好的課堂教學診斷機制是課堂教學診斷有效進行的制度保障。從診斷之前的準備工作，到後期的診斷結果反饋與跟進研究，都應有一套相對穩定與完整的程序與規範。有了良好的課堂教學診斷機制，在進行診斷時，才能有序可循、有據可依，長期按診斷機制進行，還有助於課堂教學診斷效率的提高。但與此同時需注意的是，良好的診斷機制並不意味著"教條主義"，在實際操作時，應根據實際情況靈活處理，畢竟课堂教学本身就是一个复杂多变的系统。

三、课堂教学诊断的常用工具

（一）资料收集方面

课堂教学诊断需要课堂教学观察为其提供丰富的课堂事实信息，所以，在资料收集方面的工具主要是课堂观察工具。

1. 定量的观察记录工具

定量的课堂观察是指观察者运用事先准备的一套定量的、结构化的记录方式进行课堂观察。它需要预先设置行为的类目，创建出一定的分类体系或具体的观察工具，然后再对特定时间段内出现的类目中的行为进行记录。因此，定量观察的记录方式又可以统称为分类体系。它有三种主要的样式：编码体系、记号体系或核查清单、等级量表。这种观察记录的结果一般以规范的数据形式出现，主要有频数记录、事件发生的百分比、等级量表的分数几种类型。

（1）编码体系。在国外的课堂研究中，具有代表性的编码体系为数不少，其中，较早也较为知名的是弗兰德斯（N. A. Flanders）的互动分类分析体系。FIAC 用于研究课堂教学中师生的言语互动，它把课堂上教师和学生的言语活动分为十个种类，每个类别都用不同的数字进行编码，如表 7-1 所示：

表 7-1   弗兰德斯互动分类分析体系[①]

教师说话		学生说话
间接影响	直接影响	
1. 接受感情 2. 表扬或鼓励 3. 接受或使用学生的主张 4. 提问	5. 讲解 6. 给予指导或指令 7. 批评或维护权威性	8. 学生被动说话 9. 学生主动说话 10. 沉默或混乱

（注：表中代表每个类别的数字，如"4"，只是用来互相区别，数字间并无大小或登记关系。）

FIAC 主要采用时间抽样的办法，在指定的一段时间内，观察者每隔三秒就记下最能描述师生言语行为的种类的数字编码，记在一个统计表中，如表 7-2 所示：

---

① 陈瑶. 课堂观察方法之研究［D］. 上海：华东师范大学，2000.

表 7 - 2　FIAC 数据统计表

	1	2	3	4	5	6	7	8	9	10	11	12	13	14	15	16	17	18	19	20
1																				
2	5	5	5	5	5	5	5	5	5	5	5	5	5	5	5	6	6	6	6	6
3																				
4	4	6	8	8	8	8	8	8	8	8	8	2	2	8	2	6	6	6	6	10
5																				
6																				
7																				
8																				
9																				
10																				

这样，上表 10 行就表示对某一课堂一段 10 分钟的连续观察，每一行的 20 个方格就记录下一分钟内 20 个行为的相应编码。如观察上表第 2 分钟内的编码，我们就可以知道在这一分钟内都是教师在说话，前 45 秒在表达自己的观点，后 15 秒在下达对学生的命令或启示。如果对一堂课 30 分钟都采取这样的记录方式，经过统计我们就可以大致了解一堂课教师和学生的言语活动。

FIAC 可以帮助观察者客观地记录单位时间内的师生互动行为，根据记录的编码进行分析、统计，简单、客观。

当然，它也不可避免地存在诸多局限之处。例如，一些非言语方面的信息被遗漏，如现代课堂观看录像这一行为就无法记录；而且，FIAC 的一些分类比较模糊、宽泛，难以区分具体行为，如第 8 类学生被动回答，就无法区别个别学生回答，还是全体学生回答；此外，课堂中的许多行为是同时发生的，3 秒钟之内可能同时发生着几件事，该体系也无法清除记录。FIAC 虽存在一些缺点，却给我们带来了许多启发，甚至影响很多其他编码体系的设计，我们普通的教学研究者也可对其进行补充、修改，以方便观察记录。

（2）记号体系或核查清单。记号体系是指事先列出一些需要观察并有可能发生的行为，观察者在每一种要观察的事件或行为发生时做下记号，以便核查所要观察的行为是否发生。它与编码体系的区别是：编码体系是指记录下单位时间内发生的每一个需要观察的行为；记号体系则通过记录要观察行为发生的频数，让观察者了解每一个时间段内课堂活动或学生表现的特点。

较为简单的记号体系又被称为核查清单、项目清单或列举法。目前，课堂研究中所用的记号体系有很多种，比较有代表性的有拉格的学生行为观察表、爱默的观察系统、霍普金斯的记号体系，下面以拉格的学生行为观察表为例对记号体系进行分析。

美国学者拉格（E. C. Wragg）的"学生行为观察表"[①]主要用来观察课堂中教师如何管理学生的行为。

表 7 - 3　学生不当行为记录表（节选）

不当行为的类型	时　间				
	1	2	3	4	5
吵闹或违纪说话	/				
不适宜的运动	/				
不适宜地使用材料					
损坏学习材料或设备					
不经允许拿别人的东西	/				
动作侵扰其他同学					
违抗教师					
拒绝活动	/				

观察者每 1.5 分钟内针对目标学生做一次记录，表 7 - 3 每一列代表 1.5 分钟，第一个 1.5 分钟内发生了学生的四种不当行为。表 7 - 3 只是拉格记录表的一部分，其他部分还要继续对相关事件进行记录，如：教师如何处理学生的不当行为，是点名、训斥或是其他，学生又是如何对教师的反应做出反应的。经过这样几个时间段的记录，观察者就可以大致掌握教师课堂管理的状况。

根据记号体系的原理，我们还可以按需要制作一些其他类型的观察量表，如观察教师课堂提问认知水平，可以用表 7 - 4"教师提问行为观察表"，以 3 分钟为一个单位进行记号。

---

① 陈瑶. 课堂观察指导 [M]. 北京：教育科学出版社，2002.

表 7 - 4　教师提问行为观察表①　　　　　　　　　　**133**▷

问题类型		时　间				
		1	2	3	4	5
低级认知水平	记忆性问题	√√				
中级认知水平	解释性问题					
	分析性问题					
	比较性问题					
	整合性问题					
高级认知水平	推测性问题					
	运用性问题					
	评价性问题					
其他管理类问题（如"两个人聊什么呢，不好好听课"）						

（3）等级量表。在分类体系的三种记录方法中，等级量表是目前我国中小学听课活动中最广泛使用的一种记录方法。它对观察的内容也有预先设置的分类，不同的是它要求观察者做出判断与评估。观察者通过对目标进行较长时间的观察，在观察结束时，对该期间内发生的目标行为评以相应的等级。因此，这种观察方法具有一定的主观性和价值性。常见的等级量表有三级、五级、七级、九级，表 7 - 5 所示的就是课堂观察等级量表的典型。

表 7 - 5　教师课堂教学观察量表

学校：		班级：	学生数：		观察时间：			
教师姓名：		年龄：	性别：		观察者：			
学科：		课题：			课时：			
观察内容	观察指标				评价等级			
					A	B	C	D	E
教学目标	1. 根据实际确定"三维"目标，不唯教参，切合实际；教学目标、教学设计符合学情与新课标理念							
	2. 学生基本能达到预先目标，多数学生能够完成教学任务，不同层次的学生都有收获							

①　陈瑶. 课堂观察指导 [M]. 北京：教育科学出版社，2002.

观察内容	观察指标	评价等级				
		A	B	C	D	E
教学方法	3.　教学方法灵活并适合课型；能联系学生生活经验解决学习中的疑难问题；能联系文本有拓展					
	4.　及时发现学习中的问题；教学中融入学法指导					
	5.　问题的设置有启发性；学生个性化的表达得到鼓励；学生的错误及时巧妙地校正					
	6.　无浪费时间与无助于目标达成的教学行为					
教学过程	7.　能给学生充分的反思时间和空间，不拖堂					
	8.　训练和作业要求合理，全面照顾学生的个体差异					
	9.　共性问题与预设一致，是课堂的重点和难点					
教师基本功	10.　教态：自然亲切、大方得体、不造作					
	11.　语言：普通话标准（二甲为5分）、启迪思维					
	12.　板书：简洁端正、条理清晰					
	13.　现代化教学手段：运用熟练、恰当、不滥用					
教学个性创意	14.　教学充满自信；有自己的教学风格或独特的教学心得					

　　2．定性的观察记录工具

　　定性课堂观察是指观察者根据非结构化的观察提纲，对课堂现场的观察对象做详尽的、多方面的观察记录，并在观察后经过必要的补充与完善，以非数字化的形式呈现观察结果，并且在观察的过程中进行资料的分析。定性观察以文字和图像的形式呈现观察内容，包括书面语言、用录音设备记录的口头语言或用其他工艺学手段记录的照片、影像等，具体有描述体系、叙述体系、图示记录、工艺学记录四种主要记录方式。

　　（1）描述体系。它是在一定分类框架下，对观察目标进行除数字之外的各种形式的描述。它预先设置一些粗线条的分类，然后从多方面记录每一分类下的描述性信息，因此它既具分类体系的特点，又属于开放式的观察体系。表7－6呈现的对教师基本教学素质的几个方面的观察就属于描述体系。

表 7－6　教师基本教学素质观察

（1）语言素质	
（2）教态	
（3）板书	

　　描述体系还可用于研究者进入研究场所的初期，一般可以从空间、时间、环境、行动者、事件活动、行动、目标、感情等几个角度描述。

　　（2）叙述体系。与描述体系不同的是叙述体系没有预设的分类，它采用书面描述的方法记录观察到的课堂事件和行为，也可加上观察者的解释与评价。威特罗克（M.C.Wittrock）认为，叙述体系具有以下四种记录方式，这些记录方式呈现信息的形式基本一致，主要是书面文字的形式，但它们在抽样及叙述内容侧重点等一些具体方面有所不同。

　　① 日记/流水账：用于对某学生个体的各方面或某些方面的长期记录，由教师或参与观察者对自己整个工作过程或经验体会的记录。

　　② 轶事记录/关键事件记录：用于对与研究密切相关的事件的整个进程进行详细的描述。

　　③ 样本描述：按顺序、详细地描述一段特定的、有代表性的时间段内发生的行为。如某班每天课间 10 分钟的情况或某教师一天的工作，这种持续一天或多天的记录有助于形成个案研究的资料，随着资料的积累，就可能从中显现出行为的模式与意义。

　　④ 田野笔记：用文字形式记录观察者在针对某个较大主题的参与过程中看到、听到、想到的信息，内容大致包括描述性、评价性两类。

　　将叙述体系进行分类的目的在于了解叙述体系可以用于哪些情况，在实践操作中则不需要对其做严格区别，以上四种记录方式从本质上说都可归类于田野笔记这一种形式内。

　　（3）图示记录。这是一种以集团图、环境图等图示记录相关课堂信息的方式。在课堂观察中，它常常被作为直观的辅助性手段使用，如进入课堂时，观察者可以先描绘一下教室布置的情况，并配以文字描述，将使人对课堂环境有直观、清晰的了解。除了描述环境之外，观察者也可根据研究的具体问题，画出相关的图示来帮助说明，如画出"教师在课堂中的移动路线图"就可以看出教师在课堂中的巡视情况，关注的重点主要是离讲桌近的三排同学，而稍远的一排较少受到教师的关注。

　　（4）工艺学记录。工艺学记录是使用录像带、录音带、照片等工艺形式，对所需研究的行为事件做现场的永久性记录。由于工艺学记录的信息方便复制与收藏，研究者和诊断者可以在课堂结束后反复观察记录下的课堂场景，提高记录信息的可靠性。但工艺学记录也存在一些不足，如它难以再现课堂现场的整体氛围，无法全面记录课堂中的非言语信息。因此，它不能完全代替课堂观察者的现场观察，只能作为一种辅助手段来使用。

除了以上提到的记录课堂信息的方法，在实践操作中，还可以采取一些课堂观察以外的方式来收集需要的课堂信息，如：学生学习效果测验，对教师、学生进行访谈或问卷调查来收集信息等。对于这些纷繁不一的信息收集方法，在实际的课堂观察中我们不一定都要使用，而应根据具体的观察需要与观察条件以及被观察者情况选择最有效、最方便的方法。

（二）资料分析方面

要实现课堂教学诊断发现问题、寻找原因和对策的诊断目标，仅有信息是不够的。我们必须对所收集的信息进行整理、统计、归类及解释才能得出结论。我们所收集的信息资料按其呈现形式可以分为数据信息、文字信息、图像信息。对不同形式的信息，我们需要采取不同的方法进行分析。其中，比较特别的是图像信息，我们必须根据实际情况用文字或数据将其描述出来，然后才能对其进行进一步的处理。而数据信息、文字信息的处理方法则比较复杂。

对于量化的数据信息，一般需要借助统计的方法进行分类，往往用图、表的方式呈现分析结果。一些比较复杂的数据经初步整理后，可以通过 Excel、SPSS 等数据分析软件来处理。对记录的文字信息按量表的设计目的逐条核对文字，根据回忆或录像进行补充、修改，尽可能真实地复原当时的课堂情境。如果是团体合作诊断，观察同一内容的人员应进行信息的比较、交流，保证信息的真实性、客观性。文字信息的处理则相对复杂得多，观察者在记录文字信息的同时通常也在进行资料的分析，随着资料的丰富，观察者的研究主题逐渐呈现，然后再按照已有的主题有方向地收集信息，也就是说观察者在信息收集的过程中已经在进行信息解释与价值判断。但是也有一些研究者反对这种信息收集与分析同步进行的做法，他们认为，"不管课堂观察者使用的是编码分类还是现场笔记，在资料收集期间，他们必须保证不做出价值判断"[①]。他们提倡课堂观察期间根据研究的问题收集详尽的描述性信息，然后再从多个角度进行解释分析，这样可以避免观察者主观偏见的可能。资料的分析究竟应不应该在信息收集时进行，笔者认为，适当的分析还是有必要的，观察者在课堂现场

---

① ［美］古德（Good T. L.），布罗菲（Brophy J. E.）. 透视课堂 ［M］. 陶志琼译. 北京：中国轻工业出版社，2009：18.

的一些主观感受是稍纵即逝的，若不记录很可能就遗忘真实的体验，但这样的解释分析不应过多，观察者应以客观描述性信息的收集为主要任务。

（三）诊断成果的处理方法

课堂教学诊断成果的处理任务主要有两点：一是将其反馈给教师，帮助教师进行教学的改进；二是将课堂教学诊断的成果记录下来供日后反思或研究之用。将诊断成果反馈给教师的方法主要是言语沟通以及客观信息的呈现，具体实践中应注意沟通语言的艺术。记录课堂教学诊断成果的主要方法是撰写课堂教学诊断分析报告，报告一般包括现场观察的背景与目的、教学过程及设计意图记录、数据统计及诊断分析、课堂反馈记录、执教者反思及教学改进建议等几部分。

案例运用

在课堂教学诊断的实践操作中，逐步积累课堂诊断的经验与技巧是提升教师诊断能力的主要方法。此外，阅读课堂诊断的案例、学习他人诊断实践中的成功经验与失败教训，也有助于诊断者实践技能的提升。

下面呈现的就是与课堂教学诊断实施操作相关的案例，涉及诊断活动的工具及技术方面的相关问题。

一、课堂诊断技巧案例

（一）案例呈现：杰老师的听课反馈[①]

杰老师已在滨江中学教了 15 年化学。滨江中学地处西部某省。杰老师既受同事尊重也受学生爱戴。杰老师认为，同行教师的观察与反馈非常有益。校长则鼓励教师跨学科帮助同事，可以更好地理解非课程细节的教学问题（如教学的清晰性）。今天，杰老师听了夏老师的第三节课。现在她们正在一起讨论上课的情况。杰老师开门见山地说："夏老师，今天很高兴有机会听你的课，我收获不小。你的课上得非常棒，不过有几个小问题我想跟你交流一下。"

你对同行的听课有什么看法？应该听其他教师的课吗？你喜欢班上同学观察你吗？在反馈对话期间会发生什么？你对杰老师进行反馈对话前的开场白方式怎么看？

---

① 摘引自：古德（Good T. L.），布罗菲（Brophy J. E.）. 透视课堂［M］. 陶志琼译. 北京：中国轻工业出版社，2009：18.（略有调整）

（二）案例分析

这是一个典型的同行听课案例。案例中的夏老师主动邀请经验丰富的杰老师听课，可见夏老师是一个希望自己专业成长的老师。而受人尊敬的杰老师在向夏老师进行听课反馈时的开场白也很值得我们借鉴，她先对夏老师的课进行表扬与肯定，然后再谈夏老师教学中的"小问题"。这样反馈自己的听课意见，使夏老师既容易接受，又对其改进教学有实质性帮助。

（三）案例思考

课堂教学诊断活动中，诊断者与授课者之间如何建立良好关系呢？

首先，对于诊断者来说，要本着帮助授课者改进教学的目的进行课堂诊断。

其次，诊断者在进入教室观察前应与教师先行协商，征得其同意，最好告知授课者听课目的并非教学评价以打消其顾虑。然后，诊断者要能站在教师的立场思考问题，理解教师的教学处境。再则，诊断者应秉承谦虚、共同学习进步的心态与授课者相处，与授课者共同讨论分析问题，尊重其想法。

最后，尽可能将诊断结果反馈给教师，进行反馈时应当尽量陈述事实，避免评价，并使用激励性的语言，避免挫伤教师的自尊心与教学的积极性。

对于授课者，首先要明白教学诊断的目的是帮助自己改进教学，是对自己有益的行为，应积极主动地与诊断者合作。其次，主动与诊断者沟通自己教学中的困惑，寻求解决方法。同时，对诊断者的反馈建议认真思考，在虚心听取的同时要有自己的教学主见，若有不同意见应用适当的语言与诊断者沟通、讨论，对合理的建议应认真执行以促进教学改进。

二、课堂诊断实施案例

（一）案例呈现：说说优点①

有一次上课阅读，在学生初读课文之后，我让一名阅读能力较差的学生出来朗读。唉，他读得实在有些差劲，且听小评委们的评价："他读错了一个字。""他多字了。""他第二句重复了。""他有点结结巴巴。"再看那名学生，面对居高临下、毫不留情的点评，一脸羞涩，只好灰头土脸地坐下了。接下来他显得坐立不安，注意力很不集中。我猜想他的心已经在狂跳不已，同学们的指错让他再也安静不下来了，听课的效果可想而知。

这引起了我的思索：学生阅读能力上的差异，决定了他们在初读课文时会

---

① 摘引自：万伟，秦德林，吴永军. 新课程教学评价方法与设计［M］. 北京：教育科学出版社，2004：188.（略有调整）

有不同的表现：有的非常流畅，有的略有小错，有的错误百出。如果我们纠缠在那些错误中，耗时多，效果却往往不大理想——还不如让学生再多读几遍课文呢！对于此类学生，在他们读过课文后，课堂上该怎样利用好评价，既能纠正朗读中的失误，有效促进他们的学习，又呵护好他们的自信心，保持一种积极的读书情绪呢？

一天，我做了一次尝试。在初读课文前，我对小评委们提出了新的要求：仔细听读，听后说说他的优点。然后，我分别叫了几名阅读能力不同的学生初读课文，听到了这样的评价。

生："她的声音很响亮，这段字只错了一个字。"

师："是啊，某某，请把这个字再读一遍！"

生："他比以前进步了，只重复了一次。"

师："为他的进步鼓掌！"

生："他的第二句读得很流畅。"

师："某某，愿意读一下其他两句吗？"

生："他不仅读得流畅，而且有些地方很有感情。"

师："不愧是班中的朗读之星，还能读出自己的感受！想不想像她一样地读？"

生："想！"

师："再练练好吗？"

整堂课，学生都处在一种激昂的读书热情之中，哪怕是平时羞于读书的学生也是如此。而我，也感受并分享了学生的喜悦。

（二）案例分析与诊断

在案例中，我们看到教师对学生激励的重要作用。其实，教师在课堂活动中的激励是教师对学生期望与信任的具体表现。在这节活动课中，教师明确分析了活动课的优点与不足，并发扬优点，主动采取调控措施改正学生他评中的偏差，并努力寻求真正提升学生能力与水平的课堂评价方式。在课堂观察中，教师应该细致挖掘课堂表象下深藏的问题。

究竟什么样的课堂才是好课堂？在甄别优劣与促进发展这两个最重要的诊断功能中，究竟哪一个更重要？上述案例中的教师给出了最为深刻的回答。

教师上一节优质课，不在于对课堂的"集权式"的控制能力有多么强，而在于教师能及时发现课堂教学中出现的种种问题，并对问题给予合理恰当的指导与评析，让课堂教学能沿着正确的价值导向前行。教育因人而异，教学方法对于不同的个体也应该各有区分。针对小学初读课文的学生，教师应该给予的是鼓励与信任。这符合小学生的心理特点，符合教育规律，也正是教育观察与诊断所追求的目标之一。在每位孩子的心中，都有一种被关注、被肯定的渴望，哪怕他是一个在我们眼中有很多缺点的孩子。可以说，大多数自信与能力都是在被关注、被肯定中挖掘与成长起来的。课堂上，我们要尽可能多地为每一名学生提供这种激励与鼓舞的机会，尽管有的时候是面对一个阅读能力很差的学生。

在上述案例中，我们得出这样的启示：课堂教学观察与诊断的终极目标在于促进学生发展，教师通过观察课堂发现问题，教师及时采取措施，在教学过程中通过生生互动、师生互动等，微妙地传递着尊重学生的教育理念，学生在教师的鼓励下，更加主动地表现自己，提升自身的荣誉感，并通过教师提供的意见逐渐实现自我调节。

互 动 对 话

一、关于课堂教学诊断的工具设计

关于课堂教学诊断的工具设计，思考以下几个问题有助于课堂教学诊断的设计：

（1）量表是课堂教学诊断活动的常用工具，你认为它是否存在局限性？
（2）课堂教学诊断活动一般应关注哪些维度的内容？
（3）教师自主开发课堂教学诊断工具应该包括哪些程序？

二、关于课堂教学诊断的实施技巧

（1）课堂是繁忙的场所，在教学进程中，教师如何同时进行课堂教学的自我诊断？
（2）结合自己的日常工作实际，思考究竟如何制定课堂教学诊断的实施计划更科学、更合理？
（3）观察同一堂课，不同的人往往有不同的诊断结果，你认为课堂教学诊断活动中存在个人偏见问题吗？如何处理这个问题？
（4）如果你想和一位教师探讨她（他）所上的一节课，你会问些什么问题？对此你是怎么想的？

思 考 与 活 动

问题1：以下是国内学者崔允漷设计的教师教学维度的观察内容，如果从学生学习维度进行课堂教学诊断，你认为可以从哪些视角和观察点进行观察、诊断？

表7−7　教师教学维度的观察内容①

观察视角	观察点
环节	· 由哪些环节构成？是否围绕教学目标展开？
	· 这些环节是否面向全体学生？
	· 不同环节/行为/内容的时间是怎么分配的？
呈示	· 怎样讲解？讲解是否有效（清晰/结构/契合主题/简洁/语速/音量/节奏）？
	· 板书怎样呈现的？是否为学生学习提供了帮助？
	· 媒体怎样呈现的？是否适当？是否有效？
	· 动作（如实验/动作/制作）怎样呈现的？是否规范？是否有效？
对话	· 提问的对象、次数、类型、结构、认知难度、候答时间怎样？是否有效？
	· 教师的理答方式和内容如何？有哪些辅助方式？是否有效？
	· 有哪些话题？话题与学习目标的关系如何？
指导	· 怎样指导学生自主学习（阅读/作业）？是否有效？
	· 怎样指导学生合作学习（讨论/活动/作业）？是否有效？
	· 怎样指导学生探究学习（实验/课题研究/作业）？是否有效？
机智	· 教学设计有哪些调整？为什么？效果怎么样？
	· 如何处理来自学生或情景的突发事件？效果怎么样？
	· 呈现了哪些非言语行为（表情/移动/体态语）？效果怎么样？
	· 有哪些具有特色的课堂行为（语言/教态/学识/技能/思想）？

问题2：表7−8是爱德·爱默（Ed. Emmer）设计的学习认真程度观察量表，请您分析其优缺点，并提出修改完善的建议。

---

① 沈毅，崔允漷. 课堂观察：走向专业的听评课. [M]. 上海：华东师范大学出版社，2008.

表 7 - 8　学生学习认真程度观察表[①]

学习认真程度	时　间		
	15 分钟	30 分钟	45 分钟
一半以下的学生在大多时间认真学习			
有 $\frac{1}{4} \sim \frac{1}{2}$ 的学生在大多时间显得学习比较认真，其余的学生只是有时学习认真			
大多数学生学习认真，但少数几个（4～6 个）只是有时学习认真			
几乎所有学生都认真学习，但极个别的学生（1 个、2 个或 3 个）只是有时认真学习			
所有学生大多时候都认真学习（"大多时候"指的是至少占观察者观察学生是否认真的时间的 75％）			

表 7 - 9　学生学习是否认真的判断标准

不认真的行为表现	认真的行为表现
●在不恰当的时候在教室里到处走动 ●课堂讨论时看书 ●两名学生低语 ●手肘放在课桌上，用手指撑开眼皮 ●用铅笔乱画 ●把头靠在课桌上 ●提出与课堂活动无关的问题 ●凝视与课堂活动无关的物体	●举手自愿回答问题 ●保持眼神交流

　　说明：根据表 7 - 9，观察者每隔 15 分钟分数次扫视全班学生，并记下在规定的时间里学习认真或不认真学生的人数。但爱默认为，按经验记住学习不认真的数目比认真的更容易。观察者估计出某个时间段学习认真的学生数量之后，在表中相应的空格中打"√"。

---

　　①　陈瑶. 课堂观察指导 ［M］. 北京：教育科学出版社，2002.

拓 展 延 伸 相关文献的阅读摘要

论著：《课堂观察Ⅱ：走向专业的听评课》

作者：沈毅，崔允漷，吴江林等 著

出版社：华东师范大学出版社

出版日期：2013 年

简介：该书是大学与中小学合作开展课堂教学研究的成果之二，是由多人完成、具有文集特征的成果（参见该书目录）。

2008 年版《课堂观察Ⅱ：走向专业的听评课》，呈现了听评课的一种新范式——课堂观察的 LICC 范式：基于证据、技术与合作，构建了课堂观察专业合作共同体，界定了一个 4 维度 20 视角 68 观察点的问题域，规范了课堂观察的基本程序与关键环节。

《课堂观察Ⅱ：走向专业的听评课》奉献的是 LICC 范式基本成熟后的样态。全书分四个部分：研究进展、观察故事、观察工具、观察课例，从理论到实践，全方位地呈现 2008 年后课堂观察 LICC 范式的新进展。作者聚焦如何让证据更可靠，技术更专业，合作更聚焦。

该书目录：

前言

研究进展

课堂观察研究综述：2008—2011/崔允漷、王冰如、王小平

课堂观察 LICC 范式：贡献与局限/崔允漷

课堂观察的关键环节：从观察点到推论/吴江林，林荣凑

课堂观察在余高：2008 年之后/沈毅，俞小平，郭威

观察故事

课堂观察，我们走近你/孙香花

合作，我们一步步走入胜境/郑超

课堂观察，让荒地变花园/管国新

这一年，我们步步登高/曹天福

一路有你/邹定兵

我的被观察和观察/姚远

课堂观察路上，我跋涉着/劳立颖

观察工具

学习支架的设计与利用/吴江林

学生动作技能的形成/高志远

课堂互动与教学目标达成/喻融

教学环节与学习目标的达成/钟慧

课外教学资源的利用/姚国忠

OAE 学案与多媒体课件的结合/姚远

通过数学例题发展学生的空间想象能力/吴亚东

模型在课堂教学中的运用/郑超

课前预习检测题的设计和结果处理/彭小妹

评价信息的获取和利用/姜平

观察课例

化学组：学习目标的预设与达成/毛红燕

生物组：促进学习的课堂评价/吴江林

政治组：素材资源的开发与利用/徐晓芸

物理组：学习信息的获取与利用/董国彬

第八章　课堂评价的实用策略与实施技巧①

【学习要求】

1. 了解课堂评价的实用策略。
2. 掌握中小学课堂评价的常用技巧、方法。
3. 了解课堂评价的典型案例。

提 出 问 题　日常的课堂评价包含哪些实用策略技巧？

　　课堂教学是中小学教育的核心工作，课堂评价是伴随课堂教学全程而产生的特殊的教育活动。相比而言，课堂教学进程的核心目标之一在于帮助学生达成一系列既定的教学目标，而课堂评价则是课堂教学进程的有机组成部分，对课堂教学的设计、实施和效果改进，提供了必不可少的保障。

　　课堂评价是促进学生可持续发展，帮助教师专业成长，旨在提高课堂教学质量的必要手段。从而，科学有效地进行课堂评价，也就成为现代教学的基本组成部分，不仅构成科学、规范教学的必要组成部分，而且是进行各类教育教学决策的必备基础。

　　但是，课堂评价究竟有哪些基本的实用策略技巧，需要做全面阐述。

理 论 阐 释

　　当前，中小学教育教学评价的核心在于构建旨在促进学生可持续发展的评

---

① 吉林省长春市东光小学的黄娟老师参与了本章的部分撰稿工作。

价新体系。随着教育教学观念的更新与发展，课堂教学也在发生深刻变化，在课堂教学中，恰当地运用现代评价的方法和手段，实施课堂教学，进而促进师生的共同发展，成为当前中小学课堂教学研究的热点和焦点话题之一。

一、课堂评价的基本理论

所谓课堂评价，是指任课教师在教学过程中，为了促进学生学习和改善教师教学而实施的，对教与学的过程与结果而进行的评价。

从范围上分，课堂评价可以分为狭义的课堂评价和广义的课堂评价。狭义的课堂评价特指课堂言语评价、当堂测试等；广义的课堂评价，不仅包括课堂言语评价、课堂中的表现性评价（即采取表现性任务对个体学生或小群体学生进行的评价）、凭借网络传媒手段而形成的评价系统（如基于网络的评价系统）进行的学生自评与他评，还包括教师借助形体语言（如某个表情、手势、眼神等）而传递出评价信息、实施评价活动，其效果有时比前者更加明显。

从类别上分，课堂评价可以区分为：针对学生的课堂及时性评价，针对课堂学习效果的测评，侧重于教师课堂教学效果的评课，以及针对教师教学水平及其实际效果的教师课堂教学水平评价。

（一）课堂评价的内涵及基本原则

在现代教育理念下，课堂评价是针对传统课堂评价而提出的，它以促进评价对象的可持续发展为根本目的，注重评价对象的主体性，尤其注重评价对于评价对象的激励功能和改进功能。从某种意义上说，这种课堂评价关注的重点不在于评价本身，而在于以评价为载体实现师生的共同发展，其中，对教师而言，关注专业水平的提升和课堂的优质高效；对学生而言，更加关注全面、健康和可持续发展。为此，需要将评价过程融于课堂教学过程中，而不是仅仅停留在课堂教学的结束阶段。

在课堂教学中，开展课堂评价，必须坚持若干基本原则。

1. 全面性原则

全面性原则是指评价要从学生的全面发展出发，对学生的认知领域、情感领域、意志领域、人格塑造、个人社会化程度等各个方面进行客观评价，注重个人素质的全面提升和个体生命的全面发展。例如，对学生进行综合评价时，不仅需要根据设定的标准对学生进行单项评价，还要从多角度描述学生的总体发展状态，利用"综合素质测评单"或描述性评价，将单项评价综合在一起进行总评。同时，这种评价不仅给评价实施者提供信息和判断的依据，而且也要让学生通过评价更好地了解自己。

2. 客观性原则

评价的目的是通过评价使被评价对象客观地认识自己，并逐渐改进完善，因此，评价者要对评价对象的表现进行真实客观的评价，使被评价对象理解并认同评价者的评价，通过不同标准的评价来完善自己。

3. 发展性原则

发展性原则旨在促进学生可持续发展的评价，其最终目的在于促进学生的自我反思、自我改进意识的发展，最终实现学生的自主发展。在实施课堂评价时，其基本思路是"以学定教、以学促教"，"从关注学生的学习需要出发"向"关注学生的可持续发展"的方向前进。进行评价时，要把师生在教学过程中的全部信息纳入评价范围，强调评价者与被评价者的交流，评价者要让被评价者认同，共同建构评价的意义。如，在课堂中，某学生经常扰乱课堂，对教师的批评毫不在乎，而且有愈演愈烈之势，几任教师都无可奈何，其根本在于，该生一方面在潜意识中向他人"证明"其"存在"，另一方面，不良习惯导致其无法自控。一位新接任的教师吸收前几任的教训，从该生的体育特长入手，充分表达自己对该生的尊重和关心，让学生感觉到自己在教师心目中的地位，该生对教师的建议从半信半疑到自觉认同，逐渐改变了不良习惯，成为一名热心助人、努力学习的学生。

4. 激励性原则

一方面表现为，旨在突出被评价者的主体地位，另一方面在于发挥评价的激励功能。

对于前者，其中心在于保护学生的自尊心、探究欲。在中小学校的实际操作中，课堂评价也出现"廉价的表扬"等误区。其实，激励在于准确识别学生发展的生长点、闪光点，并予以恰如其分的延伸，于平淡处寻精彩，激励学生处于自觉向上的追逐之中。

对于后者而言，自信心是一个人发展与进步的内在动力，只有经历不断的成功才能构建和强化自信心。因此，激励性原则的核心在于"反话正说"，即评价者在评价时要本着表扬、激励的原则，时刻注意保护评价对象的自尊心和自信心，既让学生看到自己的不足，明确改进的方向，又能让学生相信自己可以通过努力达到目标。

5. 艺术性原则①

使用艺术化的评价语言，是课堂评价不可忽略的一个重要原则，同一事物

---

① 杨东. 关于发展性学生评价的思考［J］. 太原教育学院学报，2005（3）.
刘方. 对发展性学生评价几个问题的探析［J］. 教育学术月刊，2008（2）.

或现象用不同的价值标准可能得到不同的判断，评价角度的不同可以产生多种评价结果。课堂评价的艺术性能够充分体现教师的语言运用水平与教师的课堂评价技巧。

课堂评价不排斥对学生的表现进行否定和批评，但要注意保护学生的自尊心与人格的平等，对学生的言行，教师不要千篇一律地用对和错进行评价，而是讲究评价技巧，善于发掘学生言行中闪光的东西。如关于"雪化了，变成什么"，无论答案是水还是春天，学生都是从自己的经验出发，从个性的视角来看待问题的，教师要善于引导，保护学生的想象力与创造力的胚芽。

（二）课堂评价的内容及其基本策略

对于中小学来说，课堂评价分为两大部分：一是针对教师的课堂施教而开展的评价，主要涉及教育观念的物化、师生关系、课堂组织、教学机智、教学态度、教学内容的科学性、教育性、艺术性等多个方面；二是针对学生学习的评价，包含课堂参与状态、交往状态、思维状态、情绪状态和生成状态等五个方面的评价内容。

无论是对教师施教的评价，还是对学生学习的评价，都涵盖师生互动、交互影响和反馈调试的过程。例如，对教学目标而言，要求教师能以学定教，及时将教学目标转化为学习目标，而施教方法则要突出教师究竟如何帮助学生不仅学会更要会学，切实落实学法指导，培养自学习惯及自学能力，而学习效果评价则突出学生的学习状态是否愉悦、充实，是否关注学习的可持续发展。

1. 针对教师课堂施教的评价

建立旨在促进师生可持续发展的教师课堂评价制度，是一种旨在提高教师素质，促进教师高质量完成教育教学任务的有效手段。事实上，通过建立评价制度，一方面可以促进教师教育教学质量的提高，引导教师按教育教学规律办事；另一方面，教师可以在评价中及时发现和纠正自己在课堂上的偏颇，发扬优点，有效改善课堂教学。同时，实现优质高效课堂也是教师职业水准的体现，构成教师专业发展的必要途径之一，而优质高效的课堂主要体现在教师对课堂教学的统筹规划（精心的整体预设）、课堂的适时驾驭、课堂调控与随机生成。从而，针对教师的课堂评价，可以将从课堂导入、情境创设、有效提问、课堂观察、课堂调控、课堂随机生成、课堂结束和课堂反思等方面，实施对教师课堂施教的评价。

表 8 - 1　某校教师课堂评价量表　　　　　　　　　　　　　**149**>

评价项目	标　　准	实际操作	改进意见
课堂导入	导入自然、简洁、有趣，承接旧知与新知，开启思维引发思考。		
创设情境	创设的情境真实、自然、新颖，符合学生的经验，能够有效激发学生的学习兴趣。		
有效提问	课堂提问适时、准确，具有导向性，能够激发学生的兴趣，启迪思维，给学生一定的发散思维的空间，并对学生反馈进行点评。		
课堂观察	课堂观察准确、细致，能够全面掌握学生的学习状态与学习效果，了解个体情感投入与细微变化。		
课堂调控	根据课堂实际能够随时调整预设的课堂环节，掌控主流，有效调动学生课堂的积极性，及时处理课堂生成事件，保证课堂的和谐、动态。		
课堂随机生成	根据学生的学习状态随机调整预设内容，以学生为主，找准生成点，进行课堂巩固与拓展。		
课堂结束	结束时间充分，结束方式自然，首尾呼应，课堂结束语具有总结、启发和开拓性，明确学生的收获，给学生留出继续探索的空间。		
课堂反思	反思要体现课堂预设的达成度与生成的处理，体现未达成部分的原因分析与解决设想。		

2. 针对学生课堂学习的评价

针对学生课堂学习的评价，可以从课堂参与状态、交往状态、思维状态、情绪状态、生成状态、学习方式、学习效果和学习品质等方面进行评价。具体评价过程主要通过教师的观察、自我评价表、学生互评（包括整体互评和小组内记录）、学生日记等方式来记录与呈现。[①]

课堂参与态度主要包括问题思考、课堂发言、参与方式、师生沟通等。如学生的思维状态如何，是否敢于质疑，发表的见解是否有挑战性与独创性。学生的注意力是否集中，是否认真倾听，是否主动交流、交谈，能不能独立思考，能不能发现问题，能不能从多角度解决问题，针对问题的回答能不能进行

① 邓毅. 试论新课程课堂教学发展性评价 [J]. 当代教育论坛，2008（3）.

自我评价；学生的情绪状态如何，学生在获得新知识时是否积极主动地跟进、共鸣、投入，学生的求知欲是否增强，学生是否更喜欢本学科的学习、师生关系如何等。

课堂的参与状态可以凭借教师的课堂观察、学生自我评价表与课堂表现记录等进行评价。例如，课堂发言的评价，先将学生分成小组，以小组为单位记录成员的课堂表现。每节课所有发言超过两次的学生，都会由本小组记录员以书面的形式记录，装入学生的成长记录袋，作为评优、加星的依据。

学习方式包括自主学习、合作学习与探究学习，主要通过教师观察、学生互评、学科日记批复等方式对学生的学习进行评价。

学生自主学习首先由学生自学教科书内容后再进行自我检查和巩固。对于自主学习评价的标准主要看学生是否能对学习的内容提出问题，进行正确归纳总结。教师在学习中起引导、点拨和反馈的作用。

学生合作学习多是以小组合作为主，学生在自主学习的基础上对教师提出的问题在组内进行讨论、质疑，并通过动脑、动手、实验、观察、比较、分析综合等方式解决，组内成员先分工，再交流各自的成果。评价标准看学生是否能与组内成员和谐相处，是否能够完成分配自己的任务，是否能把自己的成果清楚地与组内成员交流，是否能认真将其他成员的成果与自己学习成果综合。

学生探究学习最常用的两种方式，其一是先提出问题，再进行推理猜测和实验收集数据，进行论证汇报交流并查找资料进行验证；其二是先通过初步学习感知问题，再通过体验理解问题的实质，再升华为个人素质。评价标准看学生在探究过程中是否全身心地投入，是否根据合理验证或体验正确理解问题的实质。

学习效果主要包括显性效果和隐性效果，显性如书写水平、表达水平、作品、课堂作业等内容，可通过教师或学生口头表扬、书面评语、象征进步的各种奖励等进行评价。隐性效果如学生学习过程中灵感的激活、能力的提高、学习兴趣的增加等。在学习过程中所有不能以物质展现的进步都可以称之为隐性的学习效果，主要通过教师的评语进行定性评价。

案例：四年级某学生的三位数乘两位数单元手抄报，教师组织学生进行口头评价，先让学生说出作品的优点与改进建议，学生一致认为书写工整，设计美观，但在内容上整理得不够详细，笔算法则和积的变化规律以及估算都是本单元的重点内容，本手抄报缺少对估算的总结，还需改进。教师在学生充分评出优点与不足后进行定性评语：这是一张让人赏心悦目的数学作品，集知识性与美感于一体，看得出你是在认真整理本单元知识后进行设计的。建议以后制作单元数学小报时，重难点部分要全面，再多搜集一些与本单元知识相关联的内容，使作品更加充实。

分析：单元小报的制作需要学生独立搜集整理资料并进行个性化的设计，这对学生有一定的挑战性，为提高学生的兴趣，教师要引导学生以欣赏的眼光看待别人的作品，并以鼓励和建议的评语，指出学生需要改进的地方，这样既有利于提高被评价学生的积极性，努力完善自己的作品，也促使评价者有意识地借鉴别人的优点，达到资源共享，共同提高的目的。

学习品质包括学生学习物品的准备整理，学习习惯、课堂反思、课堂学习互助表现等，主要通过教师评语、自我评价表和学生互评等方式进行评价。

表 8 - 2 是长春市某小学学生课堂学习自我评价表，在课堂上通过学生的自评完成。

表 8 - 2　小学数学学习活动及行为习惯调查研究

_____年_____班　　　　姓名：_____

		星期一	星期二	星期三	星期四	星期五
学习活动	认真倾听师生的对话	☆				
	不插话					
	认真思考教师提出的问题					
	积极发言，声音洪亮					
	语言表达简练、准确					
	主动有效参与小组活动					
行为习惯	主动做好课前准备（学具、心理等）					
	书写姿势端正					
	数字、文字书写美观、大方，格式设计合理					
	计算快速、准确					
	解决问题快速、步骤完整					
	坐姿端正，不搞小动作					
本日得星合计		得（ ）星	得（ ）星	得（ ）星	得（ ）星	得（ ）星
本周做得好的方面是： 下周需要改进的方面是：						

对于学生的评价，除了可以进行专门评价外，还要进行综合评价，即对学生某一阶段的学习进行全面详细的评价。

综合性评价目前比较推行以下两种：一种是"等级＋评语"的评价方式，进行定性定量相结合的评价；一种是建立《学生素质发展报告单》，定期从德、智、体、美、劳等方面对学生进行全面评价。综合评价在注重学生全面评价的同时，也注重学生的自身个性发展、潜能开发、终身发展和多元发展。让学生关注自身成长过程，认识并正确对待成长过程中的喜怒哀乐，养成良好的生活和学习习惯；认识合作、给予、感激、关心、尊重、诚信、文明是公民的本分；认识反思在个人成长中的重要作用，认识自己的智力强项与弱项，全面记录成长过程。将学生作为生命个体的生命性通过记录册的形式展现出来，有利于学生的不断反思和个体生命的全面发展。

3. 课堂评价

学校教育教学管理部门、教研管理部门应在认真学习和研究课程标准及其对课堂要求的基础上，逐渐形成课堂评价表，用确立课堂评价的几个维度，强化和促进全体教师改变习以为常的教学方式，逐步使教师在课堂教学中不满足于只传授知识，更着眼于如何有效促进学生认知、技能、学法、情感、态度价值观等方面的和谐发展。

二、课堂评价的实施方法

课堂评价的实施方法，可以根据评价的内容、途径以及是否以语言为主体等的差异，进行不同的分类方式。

（一）专项评价、综合评价

这是按照评价的内容对评价进行的分类。

1. 课堂专项评价

课堂专项评价能够发现、发展学生多方面的潜能，给具有不同特长的学生提供展示自我的机会，通过学生自评、学生互评、教师评价等多种评价方式相结合，帮助学生认识自我、建立自信。例如，利用课堂主题评价培养学生某方面的技能或习惯。如，某节课重点考查学生的音乐素养，某节课重点考查学生语言表达的完整性和准确性，某节课重点考查学生的操作能力及身心的协调性，某节课则重点考查学生的合作能力。

2. 课堂综合评价

教师通过学生的自评和互评以及教师的合理期待，让学生和家长能够正确了解学生在课堂上的表现，有利于学生进行自我约束与挑战，帮助家长针对学生实际正确选择合适的锻炼方向，有利于家校合力做出科学的判断和贴切的培养措施。例如，周末某班级进行课堂总结，学生手拿本周学科课堂自我评价表，教师对班级学生的自我评价情况进行统计，"本周得到了全程积极发言金星的同学请举手"，"得到课堂合作金星的同学请举手"，"认为自己比上周有进步的同学请举手"……请把你对自己下一周的学习建议和期待写在评价表中。

（二）口头评价、书面评价、网络评价

这是从评价途径给出的分类。

1. 口头评价

口头评价多为即时性评价，基本通过面对面的形式以师评、生评来完成，是在课堂教学中应用最多的一种评价，每一次回答基本上都会有评价反馈，教师常用的语言是"很好"、"正确"、"他答的怎么样"等。在评价过程中，要以激励和改进建议并举，但要关注评价的准确性和针对性，不宜采用过于生活化、口语化的形式，尤其不宜一概以脱口秀的形式进行。

2. 书面评价

书面评价是师生一对一交流的重要渠道。对于学生的学习情况、思想状态，教师都可以通过书面形式予以洞察，同时，教师也可以通过书面评价的形式，把自己的思想传递给学生，下面的案例就是教师通过学生的闪光点来映射缺点，以尊重、欣赏的语气来促其改正。例如，教师在某值周组长的课堂日记上写道：你是一个爱干净的好学生，班级整洁是你认真负责的结果，如果作业本中的数字也能按顺序摆放，同学们会更加佩服你。

3. 网络评价

网络评价其实是课堂评价的一种延续。课堂时间毕竟有限，不能一一评价，可以在网络中将其继续完成。同时，可以把教师的表扬、期待通过随笔、对话等不同方式，让学生真切地感受到，从而促进学生的自我反思与完善提高。例如，某教师在博客中这样评价一名父母离异的学生：这段时间小涛的进步让我很欣慰。小涛前段时间的成绩直线下滑，我很担心，自从上次和小涛谈完之后，才得知真正的原因，虽然家中有一些压力，但这并不能阻碍小涛的进步，小涛是个坚强、懂事、自立的孩子，我对他充满信心。

（三）引导评价、幽默评价、鼓励评价、暗示评价

这是从评价语言上给出的分类结果。

1. 引导评价

一名同学读课文时读得不太好，教师此时的引导语言很重要。

如果教师的提问是："你们觉得他读得怎样？"那么，其他学生基本上会寻找他的缺点进行评价，如"他读得声小"、"没有感情"等。

如果教师问："他读得有哪些优点？还有哪些地方需要改进？"那么，学生

就会按照"先找优点再提改进建议"的思路进行评价。

针对同样的情境，教师的引导方式不同，很容易产生完全不同的结果。教师第一种引导语言没有注重学生的个体差异，而是无形之中以最优为标准去衡量这名学生的朗读。其实，小学生并不具备评价的底线原则，不会考虑别人的情感体验，常常会很真实地对同学提出尖锐的"建议"，而这样的"建议"常常会伤害学生的自尊心，挫伤其自信心。

在第二种引导性评价中，教师巧设引导暗示，将学生的评价关注点吸引到发现学生进步的视角，在表扬之余，不但强化了学生的进步，有效保护了被评价者的积极心态，并进一步指明了学生努力的方向。从而，在课堂评价中，教师要充分发挥正面引导的作用，保护被评价者的自尊、自信，引导评价者学会欣赏，学会尊重，促使其形成良好的评价品质。一举两得，何乐而不为呢！

2. 幽默评价

教师在课堂中采用幽默的语言，不仅能调节课堂气氛，促进课堂和谐和师生互信关系的建立，让学生消除紧张、顾虑等心理。幽默的语言分为很多种，如口语、眼神、体态语等，魏书生老师曾通过体态语与学生进行积极沟通：

特级教师魏书生在课堂上发现某个学生想举手又不敢，犹豫了几次，又缩了回去，魏老师于是学着这位学生的动作，把手又伸又缩，看到老师滑稽的动作，全班学生都笑了，这名学生也在笑声中放松自己，果断地举起了手。

3. 鼓励评价

在课堂上，有效调动学生课堂参与的积极性、主动性，往往是多方面的结果，但很多情况下往往取决于教师对学生的评价方式，积极的鼓励让学生充满自信，学生对教师也充满爱戴与感激，如此，教师的威信自然树立。

事实上，教师对学生的关注与欣赏，是成功课堂的基础。不同的课堂状态获得的教学效果往往不同，学生对教师的喜爱程度也往往大相径庭。采用激励的策略调控课堂已经成为教师必备的课堂基本功。

4. 暗示评价

教师恰当的课堂暗示，很容易激发学生的学习热情，唤起学生主动参与课堂的主动性，有些学生会对号入座，更加积极地巩固成果，更多的学生则会按照教师暗示的标准努力改造自己、完善自己。暗示的作用在课堂教学中是非常有效的，但使用要适度、适切，而不能"一暗到底"，在适当的时机，要给学生以明确的答复与鼓励。例如，某次课堂上教师对学生进行了阶段性的评价：

这段时间，我们班的学习风气有了很大进步，尤其是一些同学，不但自己热爱学习，还很乐于助人，教师看在眼里，记在心间，这些同学很值得大家学习。今天我不说这几名同学是谁，请大家在接下来的日子自己观察，看看你们是不是也能发现这些同学。

三、课堂评价的若干技巧

1. 学科日记

学科日记既可作为学生学科学习重要的积累方式，也可作为教师与学生有效沟通的方式之一，还可以作为教师教学计划调整的参考。

在学科日记中，学生可以记录学科知识的拓展与延伸等内容，把自己感到有趣的、不理解的、学科经典的知识记录下来，作为学科知识的积累或向教师咨询的内容，也可记录自己学习的体会与心得。例如，一位二年级小学生是这样写"独自吃早点"的：

今天是星期天，我们一家起得都很早，我们打算去"嘉禾早点铺"吃早点。爸爸、妈妈特意让我去买东西。我买了三个牛角，一个牛角四角钱，三个牛角一元二角钱；我还买了两碟小菜，一碟小菜三角钱，两碟小菜六角钱；我还买了最爱喝的八宝粥，一元一碗；又买了一碗云吞一元五角。我一共花了四元三角钱（1 元 2 角＋6 角＋1 元＋1 元 5 角＝4 元 3 角）。通过买东西我知道价钱相同的东西用乘法计算比用加法计算简单。

学科日记有很多种类，常见的类型如下：

（1）有感而发型日记，即学生通过日记的形式与老师交流当天或几天来学习的感想或对老师的教学提出建议或意见等，这有助于建立和谐平等的师生关系。

（2）质疑型日记，即记录自己在学科学习过程中遇到的疑难问题，与教师交流解决的方法、措施，或未能解决的原因。

（3）错例型日记，即学生对在学习中出现的错误进行自我剖析，从而加深对错误的深刻认识，达到再学习的目的。

（4）整理型日记，即对学习的新知识进行整理，对知识的获得过程进行回忆，主动参与知识的复习。

（5）反思型日记，即学生主动积极地回顾学习的整个过程，反思知识建构的亲身经历，逐步形成良好的获取知识的经验。

（6）应用性日记，即学生在主动寻找生活中实实在在的学科问题的同时，应用所学知识解决问题，并记录下来，获得成功体验（前文的"独自吃早点"就是应用性日记）。

（7）实践型日记，即以生活中较为复杂的学科问题为载体，通过动手实践，证实或解决某一学科问题，并记录实践过程和实践感受。

（8）创新型日记，即学生把学习时产生的新想法、新发现、新方法及时地以日记形式反馈给老师，进行交流。

在学科日记的书写与批复中，师生之间可以轻松地交流思想，加深感情，恰当的批语常常会让学生感觉教师一直在关注自己的成长。根据学科日记，教师可以更加了解学生的兴趣与思想，从而促进教师根据学生的需要，不断调整改进教学计划。

2. 档案袋

档案袋也叫成长记录袋，是指用以显示被评价者学习成就或持续进步信息的相关记录和资料的汇集。

档案袋档案袋的主要用途有两类：一是展示作品，收集被评价者最好的或最喜欢的作品。二是反映进步，即将能反映被评价者进步情况的作品、测验卷、家长信、学习心得等进行集中收集，定期查看，感受被评价者的进步，增强自信。

在中小学课堂教学中，档案袋的作用主要有以下四个方面：

第一，作为与家长沟通的桥梁，教师由于工作繁忙，很难做到与家长进行细致交流，不能把学生的整体表现向家长汇报。成长记录袋就是家长了解学生在校表现的一个途径，为家庭教育提供第一手材料。根据袋中积累，家长与教师可以就学生的进步与有待发展的方面达成共识，共商改进措施。

第二，作为教师综合评价学生的依据。在目前多数学校班额居高不下的前提下，教师很难清楚地牢记全班学生的表现，而成长记录袋则为教师对学生进行综合性评价提供了有力的事实依据，使教师能够有针对性地评价每一名学生，确保给学生的建议准确、有价值，从而提高教师的威信，更加信服教师，有意识地进行自我改进。

第三，作为班级评优评星的参考依据，为了突出学生的个性发展，班级可设立智多星、勤劳标兵、助人为乐小天使、环保卫士等称号，本着公平、公正、公开的原则，在设定之初，就要明确评比标准，让学生根据自己的特长，按照自己设定的目标去努力，在努力竞争的过程中学会约束自己，不断成长。在评比过程中，感受到成功必须靠自己不断的努力，从而激发学生进步的热情。

第四，作为学生自我改进的动力源泉，学生每月定期或不定期查看自己的阶段积累，在整理过程中能够发现自己的进步与不足，激发进步的愿望。在与其他学生互相展示各自作品的过程中，学会欣赏、借鉴，帮助学生客观自评，确立榜样。

课堂教学观察、诊断与评价

156

3. 课堂自我评价表

课堂自我评价表主要是利用表现性评价进行结果评价。所谓表现性评价，是指通过观察被评价者在完成实际任务时的表现来评价其发展现状的评价方式，包括表现性任务和对表现的评价。

表现性评价的设计要点，首先是列出要考察表现的重要方面，一般控制在10～15项之间；其次，要尽可能用可观察、可测量、可量化的被评价者的行为和成果特质作为界定表现的标准；最后，按行为表现的具体缺失来考察评价内容，从而进行正确判断。

4. 开放性任务

开放性任务意味着建立一个较为复杂开放的问题情境，解决这样的任务需要经历提出假设，对学科情境做出解释，计划解题的方向，创造一个新的相关问题或进行概括等过程，也就是说，在该任务的解决过程中，可以帮助教师收集有关学生更多方面的信息，所以说它更具开放性。

一个好的开放性任务不仅要求学生给出学科问题的解答结果，而且要求学生在这一任务中，学会探索，学会使用各种方法，综合应用各种学科知识和技能，并且在具体的情境中加以调整以适应新的情境。进入 21 世纪以来，中小学评价更加关注学生的过程性评价，很显然，开放性任务的设计有助于过程性评价的实施。

开放性任务是特别设计或指定的学习任务，它可以是一项与教学内容相关联的研究性作业，也可以是一个综合实践活动，选用以上哪一种形式，要根据学生发展的需要以及对学生评价的需要而定。

一般而言，开放性任务包括两类：一类是限定主题型任务，即任务有较明确的表现预期，对任务内容或主题有明确的界定，任务的结构性较强；另一类是主题扩展型，即任务具有很强的主题延伸性，其主题扩展型任务的立意更高，涉及面更宽，给学生留有更大的空间。学生根据主题的需要进行信息查询、收集资料、调研考察等，如"调查当地博物馆资源，写一份社会实践考察报告"等。这类问题非常贴近生活，一旦学生成为问题情境中的一部分去从事相关的任务时，我们就能获得关于学生已经知道的内容更清晰、更真实的信息。将学生置于一个真实的解决问题的故事和事件中是设计和开发开放性任务的最简单的方法，在日常的教学评价中这也是一个很有效的调动学生学习积极性，促进学生积极思维的方法。

5. 二次评价（延迟评判）

由于学生所处的文化环境、家庭背景和自身思维方式的不同，学生之间在数学学习的发展上必然存在着差异，应允许一部分学生经过一段时间的努力，随着数学知识与技能的积累逐步达到应达到的目标。对此，教师可以选择延迟作出判断的方法。如果学生自己对某次测验的答卷觉得不满意，教师可以鼓励学生提出申请，并允许学生重新解答。当学生通过努力，改正原答卷中的错误后，教师可以就学生的第二次答卷给予评价，给出鼓励性的评语。这种"推迟判断"淡化了评价的甄别功能，突出反映了学生的纵向发展。特别是对于学习有困难的学生而言，这种"推迟判断"能让他们看到自己的进步，感受到获得成功的喜悦，从而激发新的学习动力。

6. 课堂观察

与其他课堂评价方法相比，课堂观察法较为简便易行且实用性很强，是进行课堂评价研究的重要方法。

正如前文所分析的，观察法的重要价值在于它是一种现场实施的方法，在自然的情境中，评价者在事件发生的当时进行研究，可以随时捕捉各种教学现象。例如，学生的学习态度、爱好、兴趣、参与程度等。相对于其他研究方法而言，观察法虽然不能精确地反映被评价者的达标程度，但该种方法的人为性比较低，研究方式比较直接，能获得具体、生动的感性认识和真实可靠的第一手资料。

另外，观察法简便易行，操作灵活，能够在短时间内获取大量的原始资料。尽管课堂观察也需要进行精心的设计和实施，但相当于一般的系统研究方法而言，课堂观察易于设计，研究过程灵活。

观察法也有本身不可避免的弊端。例如，由于评价者本人的偏见或片面性，对被评价者的行为表现产生先入为主的倾向，就不可避免地把主观臆想的结论和脱离实际的印象，混杂在观察记录中，影响对结果的判断。而且，观察者的情绪、态度、水平、洞察力、鉴别力等，都直接影响观察的效果。因此，对同一件事的观察，往往会因为不同人而得出不同的结论。

总之，每种评价方式都有自己的特点，评价时应结合评价内容与学生学习的特点加以选择。例如，教师可以选择课堂观察的方式，从学科学习的投入程度、基础知识和基本技能的掌握情况、解决问题、合作交流四个方面对学生进行考查。教师还可以从学生成长记录中了解学生提出问题和解决问题能力的发展等。

案 例 运 用

以下案例①是一位教师的课堂实践，从中我们可以品味评价的艺术。

【片段 1】

师：诗中怎样描写"五岭"？

生：五岭逶迤腾细浪。

师：对"逶迤"是什么意思？

生：道路、山脉、河流等弯弯曲曲延续不断的样子。

师：嗯。"腾细浪"，为什么这样写？

生：因为红军不怕困难，五岭山在他们眼里就像小波浪。

师：好，"磅礴"是什么意思？

生：气势盛大，雄伟。

师：对。"泥丸"是什么意思？

生：小泥团。

师：这是一种什么样的精神？

生：藐视困难的革命乐观主义精神。

师：该怎样读？谁来试试？（一学生朗读，语速太快）

师：语速太快，谁再来读读？（学生朗读，有进步）

师：好，我们一起来读。

……

【片段 2】

师：课文一开始就是一个传说，刚才你们说得很有意思，你能读得很有意思吗？

生：能。

师：就像一位老太太在给小朋友讲故事那样读，谁能读？没有被我叫过的同学请举手。（叫一名学生上前来）会讲故事吗？能不能读得很吸引大家？好，开始。

生：（读）"有这么一个传说：古时候，天上有十个太阳……"

师：哎，如果老太太这样讲故事，你们愿不愿意听？

生：不愿意。

---

① 案例引自：李飚. 评价的学问：两个课堂教学评价的比较 [J]. 湖南教育，2006（4）.

师：我读一遍，注意听。（教师有感情地范读，学生又学着有感情地读，但读得疲软无力，速度太慢）

师：你们听着要不要睡着了？

（众笑）

师：（摸摸学生的头）你先回去，好好学怎么读，一会我还叫你，看看你下一次读得是否比这一次有进步。大家拿起书来，别人打拍子是唱歌，咱们打拍子是读课文，好不好？看着我的手，开始。（教师打拍子做手势，指导学生有感情地朗读）

师：大家齐读得不错，谁来自己读？（一学生很有感情地朗读）

师（点点头）：这才有意思吧。刚才那位同学再读一次，他读得如果有进步，大家给他鼓掌好吗？

生：好。

师：你敢不敢要掌声？

生：敢要。

师：那得看你的行动哦！好，开始。

（这名同学很有感情地读，读得的确有进步。学生一起给他鼓掌，并站起来争着举手）

师：我知道你们一定读得很好，那就不用读了。后面的不是故事了，大家能读得有意思吗？

生：能。

师：这就应该读出语感来，怎么读，还看我来打拍子，开始。

（生齐读，读得很精彩）

师：多好，谁想读？（一学生朗读）

师：谁敢跟他比？（另一学生朗读）

师：大家当评委，用五个手指给他亮分。好，主要是四分和五分。再找一位（指另一学生）谁敢跟他比？他读完后，咱们全班马上站起来跟他比着读。（学生朗读课文）

师：大家跟他比，开始。（学生齐读）

师：给自己亮分——都是五分啊！

生：对，对！

……

对于上述截然不同的两个评价，其差异集中体现在课堂教学评价目标的指向、评价的主客体、评价方式与评价内容上，你能只给出分析吗？

互 动 对 话　如何看待课堂教学评价的目的？

一、关于课堂教学评价的价值取向

你认为，课堂教学评价的主要价值取向应该集中于什么？关注知识为本的课堂教学评价，与关注人的可持续发展的课堂教学评价，在具体操作上往往有哪些显著区别？试结合如下案例加以说明：

案例：于漪老师《记一辆纺车》课堂上的意外。

师：今天我们学习《记一辆纺车》。昨天请同学们预习了，说说看，你们喜欢这篇课文吗？

生：（异口同声）我们不——喜——欢。

（随堂听课的二十几位老师很惊讶，于老师感到意外，稍停，笑着说——）

师：不喜欢？那就请你们说说不喜欢的原因吧！谁先说？

生：文体不明确，从题目看应该是记叙文，但里面有不少说明的文字，一会儿这一会儿那，弄不清楚。

师：还有别的原因吗？

生：好像是回忆录，又好像是说明文。

生：我看是散文。

生：散文有文采，吸引人。这篇干巴巴的，没有文采，不喜欢。

（有些学生点头表示同意，一学生问——）

生：是不是散文？老师，你喜不喜欢？（学生笑）

师：（笑）还有别的意见吗？（扫视教室，稍停）没有了。

同学们敢于大胆直率地发表意见，很好，这种学习风气要坚持，要发扬。这篇文章是散文，与过去学的散文既有相同之处，又有不同之处。过去我们学的《荔枝蜜》、《茶花赋》是抒情散文，托物言志，借景抒情。这篇是回忆性的叙事散文，大家没有接触过，一下子看不出其中的奥妙，所以不喜欢。叙事散文有自己的特点，这篇托物叙事见精神，好些段落写得别有意味，推敲推敲，你们就会喜欢了。

……

研究提示：

（1）课堂上出现了意外，是由于教师备课欠周密所致。正如于老师在教后记中所分析的"备课时考虑欠周密，原以为学生喜欢散文，想由此激发兴趣……课堂上发生了意料之外的情况"。此时，教师采取了导向性评价，你认为效果如何？执教者的评价理念应该是怎样的？

（2）你认为，采取怎样的课堂评价方式更有利于营造平等、民主、宽松、和谐的课堂氛围，并能及时、巧妙地弥补教学失误？

二、关于课堂教学评价的作用

在你的日常教学中，通常围绕什么目的而使用课堂教学评价？亦即，你经常发挥课堂教学评价的哪些功能用来维系课堂教学的正常运行？

思 考 与 活 动　在教学中是否已有不自觉的课堂评价？

问题1：在我们自己的日常课堂教学中，是否出现过如下现象？如果出现了，你对此将做出怎样的课堂评价，进而做出怎样的教学决策？

案例：《全日制义务教育课程标准实验教科书·数学》（北师大版）第七单元　认识图形　第一课时"认识角"

师：刚才同学们找了那么多角，也亲手摸了摸角，那角到底是什么样子的呢？下面老师就把这些角从图片中请出来。（课件出示：将红线勾画的角从实物中平移出来）请你仔细观察，角是什么样子的？

生：由两条竖线折叠起来而成的。

师：谁还能用自己的语言说一说？

生：就是由一个点发出两个边。

师：你说得太准确了。你能不能说说，发出两条什么样的边？

生：就是像一条直的线一样。

师：太好了。

生：两条斜线连在一起，中间那个点就是角。

生：一条线这样折起来就是一个角。

师：你的想象力真丰富。

生：两条线中间圆的地方就是角。

生：中间最窄的地方就是角。

课堂提问是课堂教学评价的重要载体，而其中所提的问题的开放程度直接影响着提问的效果。美国学者加里·D·鲍里奇认为："当课堂教学内容的复杂性较低时，封闭型问题和开放型问题的最佳比例是7：3；而当课堂教学内容的复杂程度较高时，两者的最佳比例以6：4为宜。"

另外，教师提问时根据学生不同的认知水平提出复杂层次不同的问题。在一些群体差异较大的班级一种涉及问题的方式是，使各个认知层次上的不同回答都是正确的，虽然有的学生的回答并不完整，但在评价的时候应该以问题所要求的行为复杂程度及学生对这种问题的反应能力为依据。例如，在初中数学教学中，对于认知水平较高的学生可以这样问："你能解出方程 $10 = \dfrac{2}{x}$ 中的 x 吗？"而对认知水平较低的学生则可用："什么样的数 x 满足等式 $10 = \dfrac{2}{x}$？如何知道 x 的具体值，是乘还是除呢？"

问题 2：对于上述观点，你是怎么看待的？其中的信息对于提高课堂教学评价的实效有启发吗？

拓 展 延 伸　相关文献的阅读摘要

论著：《学生表现评定手册：场地设计和前景指南》
作者： 比尔·约翰逊著
　　　　李雁冰　主译
出版社： 华东师范大学出版社
出版日期： 2000 年 12 月
简介： 这是一本为教师写的书，是关于新评定方式的实例以及有关讨论和成果的汇编。本书是建构发展性评价体系的有益尝试。作者把评价的重心置于每一名学生的个性化的独特表现，系统介绍了国际上新近流行的、反映人的素质发展内在需求的评价方略。

主要内容包括：

第一卷　档案袋评定和苏格拉底式问题研讨（评价领域的前景：表现评定和评价领域的前景展望；在你的课堂上跳伞：个人与改革；档案袋评定：表现评定的"多项选择"；苏格拉底式问题研讨：不同的论解；标准、准则和规则：吸收教师和学生参与对优质的寻求；教师，教育你本人：为了评价改革的自我教育）；

第二卷　学生表现展示评定和展览评定（"这会出现在试卷上吗？"传统测验与表现评定：前景；通往展览之路：表现展示评定；毕业展览：展示你所知道的东西——下大赌注；标准、准则和规则：吸收教师和学生参与对优质的寻求；大门口的心理测验者通过提供文件建立效度：课堂教师的研讨会）。

第九章 课堂观察、诊断与评价的技能与艺术

【学习要求】

1. 在全面了解课堂观察、课堂诊断、课堂评价基本理论的基础上，掌握课堂观察、课堂诊断与课堂评价的常用技能。

2. 理解课堂观察、诊断与评价的若干运用艺术。

提 出 问 题　如何智慧地实施课堂观察、诊断与评价？

课堂教学是一门艺术，其中蕴含着大量智慧。如何更加娴熟地（乃至智慧地）实施课堂观察、诊断与评价，最大限度地发挥课堂观察、诊断与评价的各种功能，努力将其上升为教学艺术的高度，需要广大一线教师深入课堂，在准确把握课堂观察、诊断与评价的基本技能及操作要领的基础上，既需要努力探索，也需要及时提炼总结其中的艺术。

在课堂观察、诊断与评价领域，国内外现有的研究中，其艺术成分具体体现在哪些方面呢？

理 论 阐 释

课堂教学艺术建立在全面正确诠释相关技能的基础上，经过教师个人的创造而产生。其中，既有教学智慧蕴含其中，也有课堂观察、课堂诊断、课堂评价的创造性运用。

一、课堂教学观察的若干技巧

一位有经验的专业教师，必然拥有较精致的观察技巧，在短时间内，即能

敏锐而精确地解读教室内发生的事件，并有能力预防及处理各种教与学的问题。工作在教学一线的教师在长期的实践中总结出课堂观察的常见技巧①，对此，我们解读如下：

（一）确定观察内容与目标的技巧

从观察资料的来源看，在课堂观察的过程中，首先要观察从视觉上获得的资料，同时应注意包括来自听觉、嗅觉、触觉等其他感官可获得的资料。

从观察者的身份来说，观察对象也会有所不同。如果观察者是该班级的教师，也就是教师一边教学，一边直接进行教室内的观察。此时，观察对象主要是学生的行为与经验，包括：学生的学习行为，学生的人际间互动情况，有关学生穿着、仪容、所携带的物品、课桌上下摆放的东西等非学习行为表现。这些行为表现都与其学习品质有关，而且各种迹象都是教师用以判断学生学习状况的重要线索。如果是观察其他人的教室，开始时最好选择对方感到较满意、较具信心的课程观察，而且，事先可与被观察者讨论"要观察什么"及"想达到什么目的"。

从观察的途径和手段来说，如果观察对象是自己的教学录影带，或是其他教师的教学情况，则教师及学生的行为与经验，都是主要的观察重点。教师方面则包括讲解能力、提问技巧、教学沟通、多媒体运用、学生行为管理、教学准备、组织、评价，甚至是教师的课堂观察能力等，都是极值得观察的对象。至于学生方面的观察，同样要包括学生的行为性与非行为性表现。

从教室情境来看，由于教师、学生、教材与环境等因素，以及各因素间交互作用的结果，都足以严重影响师生的教与学行为。因此，在观察师生的行为之余，还要注意观察教室内外的情境以及教材的使用状况。

（二）确定观察时机的技巧

一般而言，如果是教师在自己的教室内实施的观察，课堂观察则可随时随地的进行，以确实而快速地掌握学生的学习反应及其在学习上的特殊需求。对于学生的反应及问题，都可依据观察所获得的资料，予以立即性的处理。教师课堂观察的重要价值就在于学生问题尚未发生之前先机的掌握，以及学生学习反应的密切关注，作为调整教学行为的依据，协助学生进行更顺利、更有效的学习。

其次，如果是直接观察其他教师的班级教学，则必须留意进入现场的步骤，以及何时开始进行正式的观察。基于上述考虑，在观察前应能依据观察的目的，或是观察者所持的理论兴趣，审慎选择观察的情境与对象，并先取得被

① 改编自：陈如平. 教师的课堂观察技能及其培养 [J]. 教学与管理，2004（23）.

观察者的信赖。此观察的目的，并非对班级教学进行批判，而在于分享资料，以及与被观察者或其他同伴的专业互惠性成长。充分掌握观察的目的与对象之后，再以自然拟情而不干扰原有情境的态度进入教室，成为教室内的半参与观察者。此种类型的观察，则必须等到观察者效应已逐渐消失，亦即被观察的师生已对外来的观察者，除去防卫、不自在的心态，能够恢复正常的教与学活动，不感到有压力时，才进行课堂观察。

如果观察者已事先被安排观察某一教室的教学，或是如实习教师般，已具有进入教学现场观察的合法身份时，则可根据个人的观察兴趣，在某些特定事件发生时，才进行较深入的描述与观察，而不必事事详细记载，以减轻观察者的精力负荷。至于其他细节部分，都仅当作辅助解释事件的线索。

（三）优选观察方法的技巧

课堂观察的方法可大体分为划记法（rating scales）和描述法（narrative method）两种。

所谓划记法是指在进入教学现场前，已经熟悉相关文献，并且确定将要观察的特定行为及经验。另外，也将行为的种类加以类目化，并给予各种行为不同的代号。观察者只要按照划记表上对各类目行为的界定，进行代号的划记工作与记时即可。此种类型的观察，必须对所观察的行为是否能如预期出现，是否能顺利观察到，做过审慎的评估，再付诸实施。

如果使用描述的方法，则观察者必须准备好观察笔记，并且预先设计好记录的格式。一般情况下，观察笔记的首页要预留填写观察地点、对象、日期、时间及观察主题的位置。另外，观察笔记内也应同时规划好描述与评论的空白栏，其中两种空间的比例大约是 3：1。观察者在观察过程中，可以一边在描述栏内详实地记载某些行为或经验的发生，另一方面也可以利用评论栏，将观察时产生的即时性想法记录下来。如对观察所获得的资料有所怀疑或是不了解其意义时，则可以利用课余时间，与相关人员进行了解，或者通过分析文件获得答案。

然而，如果是教师在自己教室所实施的观察，由于必须确保教学活动的顺利进行以及教学的完整性，可以采用描述法。教师大致仅能就所发现的较独特的现象与学生行为，稍作默记，或是作简单的记录，或是在课程进行到一个段落时，稍作休息，再将值得记录的发现写在观察笔记内。经验丰富的专家型教师，也可以将观察到的资料立即进行有效的处理。

（四）处理观察材料的技巧

采用量化的划记法，主要目的是从观察后的统计数字中，看出班级行为的某些倾向，或是与既有的理论相互印证，作为解释班级内师生行为的依据，或将课堂观察所获得的量化资料进行平均数、标准差或是方差检验。

采用描述法的观察者，必须在当天观察结束后，尽快将观察资料加以整理与建档，避免时间过长导致遗忘。在预计的观察时程完成后，将所有资料进行综合整理与归纳，并加以概念化，以便能从观察中发现值得进一步探讨的现象或问题，或是粗略归纳出教学实践上的某些原则。这些收获都能作为教师进一步集体讨论的资料，不管是对个人实践理论的建构，还是实际教学行为的修正，都具有极高的参考价值。

如果观察者即是班级教师，虽然是采用质的描述方法加以观察，但是由于其记载的内容，大多不够详细或是过于零散，因此，不能将此资料当作推论或是理论化之用，只能经教师整理后，当作日常教学反省及改进教学的参考。但若是教师能将此资料长期搜集并加以汇整，也可能得到较系统化的发现，成为行动研究搜集资料的一种形式。尤其能将杂乱的资料加以整理，而且转化为文字，使思考具体化，对于教师的专业反省将有更大的助益。

（五）学会及时排出课堂观察的干扰

众所周知，观察可能受到各种干扰，由于观察者背景知识的不同，对同一观察结果可能得出截然不同的结论。在课堂观察中，同样存在着种种干扰。

干扰之一——光环效应。教师往往偏爱聪明听话、成绩优秀的学生，久而久之，这些学生便被罩上了一层光环，他们格外受到关注和照应，教师寄予较高的期望值，即使他们出现缺点毛病也被光环掩盖。受这一干扰的影响，教师对此类学生出现的问题或作善意的解释，或者视而不见，引入观察误区。

干扰之二——期望效应。教师对课堂情况用自己期望的结论予以解释，将教学纳入自己所期望的轨道上去，而不是根据学生的实际情况灵活处理教学内容。这类教师通常是"自我感觉良好"，以己度人，把偶发情况当作必然现象，或把必然当作偶然。总之，用高期望值解释所看到的一切，得不到切合实际的结论。

干扰之三——学习中心。由于职业的特点，教师衡量学生主要看成绩，成绩上去了，一俊遮百丑，成绩不佳，其他方面再好也无用。这种标准忽视了学生的个性特点和学习的社会因素，显然有失片面。持有这种标准的教师在课堂上观察的焦点是学生的理解和记忆程度，而不大注意学生思维能力和创造能力的培养，尤其是思想意识和道德品质的教育，所以他们的观察往往带有片面性。

干扰之四——固定模式。在教师脑子中往往存在一种成绩模式：两头小、中间大，呈正态分布，所以他们对学生的课堂表现和成绩的观察，带有这种一成不变的固定性。

干扰之五——先入为主。教师常常凭自己的印象，或由其他教师介绍而将学生贴上了"好"、"坏"的标签，在课堂观察中这种标签会干扰教师的正确判断，尤其是对差生的课堂表现，在标签的作用下给予不利的评价，尽管这些差生并未做出与之相应的表现。

二、课堂教学诊断的若干技巧①

传统的中医诊断法包括望、闻、问、切四诊，主要依靠医生的视觉、触觉、听觉、嗅觉等感觉器官收集病情资料，进而做出诊断。对于课堂教学问题的诊断，也可以采取这四种基本方法，下面以数学课堂教学为例加以分析。

（1）望——观察，即针对数学课堂教学中的现象、教学进程进行细致、周密的考察、调查，也可以理解为是一种查看体验活动。

（2）闻——以学校一员的身份，深入实地、静心"闻"而不"语"。

（3）问——访谈，又称晤谈法、研究性交谈，是以口头形式，根据被询问者的答复，搜集客观的、不带偏见的事实材料，以准确地说明被访谈者对某些问题的观点和看法。访谈可以采用"一问一答式"，也可以采用"自由提问式"。

（4）切——专门调查，即制定某一计划，全面收集研究对象某一方面的相关材料、信息，并做出深入分析、综合判断。在课堂问题的专门调查中，有时需要辅以问卷调查。

课堂实录：我们于 2011 年 5 月 6 日在某市 S 中学开展了"同课异构"活动，教学内容是人教版八年级下册"矩形"第一课时。

在导入新课后，教师首先请学生回忆平行四边形的研究思路及性质，而后演示平行四边形教具，引导学生得出矩形的概念。此时，教学进入了矩形性质的学习阶段，教学活动的主要环节概括如下：

第一环节：教师抛出三个问题：

（1）类比平行四边形的性质，猜想矩形有哪些性质？

（2）把所得结果写在一张纸上，一会儿到讲台前交流。

（3）同时验证你的猜想。

第二环节：学生展示猜想、性质、结论。（生 1、生 2 展示猜想）

第三环节：学生验证猜想。（生 3 度量法、生 4 旋转法、生 5 全等法、生 6 勾股定理法、生 7 直观判断法）

课堂教学观察、诊断与评价

---

① 引自：李中华，孔凡哲. 数学课堂教学问题诊断与案例改进研究 [J]. 中国教育学刊，2011 (11).

整节课似乎比较顺利，一切都在按部就班地进行，而整节课的课堂气氛沉闷。参加观课、评课的教师一片茫然。对于这种真实存在的课堂，有必要进行深入的教学问题诊断。

案例诊断 1：用"望"诊断"教学目标不明确"的系列问题。

在本书第一章已经详述，这里从略。

案例诊断 2：用"闻"诊断"对归纳推理的过程理解不清"的问题。

在本书第一章已经详述，这里从略。

案例诊断 3：运用"问"诊断"猜想缺乏操作"问题。

我们注意到，在两位教师的两节课的教学中，无论是学生的独立思考，还是合作交流，进而展示结论，都没有操作基础上的进一步探究，而是直接猜想得出结论——即，在简单操作之后没有深入的思考，更没有操作之后针对操作过程的回味、思考和提升。

为什么两节课都是如此呢？仅仅靠"望"、"闻"，我们无法找到答案。此时，需要借助"问"。在课后，我们立即对设计、指导这两节课的数学教研员 W 老师进行了专题访谈：

访谈者：（在课上）为什么不让学生进行动手操作探究，而让学生直接猜想得出性质？

W 老师：学生在小学时就已经学习了长方形，并积累了相关的操作经验，这节课的性质对学生来说很简单，学生不用动手操作探究，经过思考就可以猜想到。

针对"你认为，矩形等几何内容的课堂教学，能让学生获得什么"等系列问题的进一步的访谈表明，任课教师和指导教师（教研员 W 老师）都认为："核心目标在于掌握矩形的对角线相等这些基本事实，并会应用，探索过程并不重要——只要会解题就可以了"，"推理——特别是逻辑证明是几何教学的重中之重，操作等活动都要为证明服务"，"在这节课上，学生们的素质很高，都能够很顺利地得到猜想"。

基于上面的"问"，我们认为，任课教师与 W 教师对于《课程标准》规定的"图形与几何的核心目标在于培养几何直观和推理能力"的认识存在极大偏差，对"几何操作是为了更好地积累几何活动经验，进而建立几何直观"等主流观点的理解，存在较大误区。而让学生亲身经历操作的过程，并在此基础上进行经验的提炼和理性的思考，不仅对于优秀生灵活掌握数学内容有所帮助，即使对于学困生，也是建立理解性掌握的关键。

观念决定行为，行为决定效果。而"理念的巨人、行动的矮子"是当前中小学课堂的典型症结所在。

案例诊断 4：运用"切"诊断教师误读教科书问题。

当前，为数不少的中小学教师，其课堂教学动机虽好，但其效果不佳，究其原因是什么呢？带着这种思考，在课后，我们进一步分析了两节课的教学实录，并与任课教师就教科书理解、学情分析、教学环节设计、教学细节与效果等系列要素，进行进一步的深入分析。

任课教师对教科书的理解出现偏差，其深层原因在于"穿新鞋，走老路"。具体表现为：当教科书中的"探究活动"要求针对矩形的性质进行探究时，任课教师马上想到了"类比"平行四边形的性质，更想到了对性质需要马上进行逻辑证明，以至于混淆了合情推理与演绎推理。亦即，我们必须思考，任课教师将教学的重心是放在了知识教学上，还是让学生获得了理解性掌握？在"矩形的对角线相等"的探索过程中，是否需要让学生经历一次数学思维的熏陶，同时获得探索的方法、思考的直接经验和体验呢？

正是由于任课教师对教科书的解读的随意性和片面性，导致课堂教学最终偏离目标。

其实，教师对教科书的误读，是中小学的普遍现象。有关研究[①]表明，教师不仅对教科书编写意图的理解存在显著差异，而且对教科书的课堂运用水平也有层次之分；正确理解并有效利用教科书资源，成为提高课堂教学质量的重要环节之一。

在这里，我们主要采取"切"的方法。而针对课堂教学行动背后的丰富信息进行诊断，不仅"观其行"，也要"听其言"，问其"动机"，有时甚至需要辅以进一步的问卷调查。

三、提升教师课堂教学诊断能力的方法

（一）古德与布罗菲的个案研究方法

古德（Good T. L.）布罗菲（Brophy J. E.）提出了一种改进教师课堂观察技巧的方法，就是把注意力集中到一个或几个学生身上进行个案研究。首先，教师可以从班级选出：两个最喜欢的学生，两个最不喜欢的学生，两个不同性别的最能代表自己所希望的女儿、儿子形象的学生，两个与教师自身家庭背景不一样的学生，对他们进行个案研究。在进行选择的过程中，教师就可以思考为什么自己会选择他们，他们身上有什么行为特征，与教师自身有什么相同点。在这一选择过程中，教师会发现自己在重新认识这些学生。第二步，了解学生的个人背景、学习特点、社交范围，学会从新角度看待这些学生。然后

---

① 孔凡哲. 教科书质量研究方法的探索［M］. 北京：人民教育出版社，2008：170—172.

对这些学生进行长时间的系统观察，在观察期间要保证对学生行为进行连续记录。最后，对观察到的信息进行分析解释，解释时要尽量陈述客观事实，避免个人偏见。

通过这样一系列的研究训练，教师不仅可以发现自身的一些教学偏见，还可以培养教师从学生的角度看待课堂，理解学生在课堂中想要完成怎样的任务，从而更加了解自己的学生与教学。

（二）通过观察他人课堂教学提升自我诊断的能力

教师不仅可以通过观察自己的课堂，研究自己学生的课堂行为变化来提升自我诊断的能力，还可以通过观察他人的课堂教学提高课堂诊断的能力。鲍里奇在其《教师观察力的培养——通向高校教学之路》一书中指出，当教师观察他人课堂教学并以之为样板向他人学习时，也掌握了如何观察自己以及如何使自己被观察。他还提出教师进行课堂观察可以从八个目标着手，分别是：体现移情、实现合作、立足现实、明确方向、获得自信、表达热情、灵活机智、培养自立。教师在实践教学中对他人教学进行观察时，应思考自己是从哪些角度进行观察的，又是怎样发现他人课堂中存在的问题的，通过对自身课堂观察的元认知，教师可以提升自我诊断的能力。

（三）采取有效的课堂观察记录工具

教师在课堂观察实践中，采取有效的课堂观察记录工具可以提高自我诊断的有效性。教师自我诊断活动中的常用工具有教学行为检核表、个人反省日志、教学录像和录音。教学行为检核表与他人进行课堂诊断活动时采用的观察量表有很大程度的相似性，不同的是教学行为检核表主要记录的是学生的行为表现，并且更加简单易操作。个人反省日志又称教学后记，是教师在课后对课堂教学进行回忆与反思，并将其以文字语言表述出来。教师写教学后记要以改进课堂教学和提高教学质量为目的。教师叙写教学后记的格式并不唯一，可以是针对课堂教学中的某一具体问题进行一次或多次的总结研究，也可以记录自己教学中的失误和不足点并进行及时的自我诊断，还可以是对课堂教学的目标、方法、过程、效果等进行全面总结为日后同类课的教学提供参考资料。教师长期记录个人反省日志不仅可以在这种反思过程中提高自身的课堂诊断能力，还可以为日后的教学积累丰富的素材。课堂教学录像和录音是教师提升自我诊断能力的有效工具，教师通过有针对性地观察自己的课堂教学录像，寻找自己教学过程中存在的问题以促进自身教学的改进。

四、课堂教学评价的若干技巧①

对于学生的课堂评价，可以从学生的课堂参与态度、学习方式、学习效果和学习品质等方面进行评价，具体评价过程主要通过教师的观察、自我评价表、学生互评（包括整体互评和小组内记录）、学生日记等方式来记录与呈现。②

（一）把握课堂参与态度、参与水平和课堂投入程度的评价，实现学生课堂学习行为评价

课堂参与态度主要包括问题思考、课堂发言、参与方式、师生沟通等。如学生的思维状态如何，是否敢于质疑，发表的见解是否有挑战性与独创性。学生的注意力是否集中，是否认真倾听，是否主动交流、交谈，能不能独立思考，能不能发现问题，能不能从多角度解决问题，针对问题的回答能不能进行自我评价；学生的情绪状态如何，学生在获得新知识时是否积极主动地跟进、共鸣、投入，学生的求知欲是否增强，学生是否更喜欢老师等。

课堂参与态度将通过教师的观察、学生自我评价表与课堂表现记录进行评价。如课堂发言的评价，先将学生分成小组，以小组为单位记录成员的课堂表现。在每节课上，所有发言超过两次的学生，都会由本小组记录员以书面的形式记录，装入学生的成长记录袋，作为评优、加星的依据。

学习方式包括自主学习、合作学习与探究学习，主要通过教师观察、学生互评、学科日记批复等方式对学生的学习进行评价。

学生自主学习首先由学生自学教科书内容后再进行自我检查和巩固。对于自主学习评价的标准主要看学生是否能对学习的内容提出问题，进行正确归纳总结。教师在学习中起引导、点拨和反馈的作用。

学生合作学习多以小组合作为主，学生在自主学习的基础上对教师提出的问题在组内进行讨论、质疑，并通过动脑、动手、实验、观察、比较、分析综合等方式进行解决，组内成员先分工，再交流各自的成果。评价标准看学生是否能与组内成员和谐相处，是否能够完成分配给自己的任务，是否能把自己的成果清楚地与组内成员交流，是否能认真地将其他成员的成果与自己的学习成果综合。

学生探究学习最常用的两种方式一般是先提出问题，再进行推理猜测和实

① 引自：李中华，孔凡哲. 数学课堂教学问题诊断与案例改进研究 [J]. 中国教育学刊，2011（11）.

② 邓毅. 试论新课程课堂教学发展性评价 [J]. 当代教育论坛，2008（3）.

验收集数据，进行论证汇报交流并查找资料进行验证；或者先通过初步学习感知问题，然后通过体验理解问题的实质，再升华为个人素质。评价标准要看学生在探究过程中是否全身心的投入，是否根据合理验证或体验正确理解问题的实质。

学习效果主要包括显性学习效果和隐性学习效果，显性学习效果，如书写水平、表达水平、作品、课堂作业等内容，可通过教师或学生口头表扬、书面评语、象征进步的各种奖励进行评价。隐性学习效果，如学生学习过程中灵感的激活、能力的提高、学习兴趣的增加等等。在学习过程中所有不能以物质展现的进步都可以称之为隐性学习效果，主要通过教师的评语来进行定性评价。

（二）恰当地使用课堂即时性评价有效发挥评价的激励和改进功能

在课堂上，常用的有效评价语言一般可分为引导性语言、幽默性语言、鼓励性语言和暗示性语言等。引导性语言可以起到给学生明确的导向作用，帮助学生对事物形成正确的认识，并不断调整课堂上的生成因素，使课堂教学按照预设有序进行。幽默的语言不仅能调节课堂气氛，促进课堂和谐，还能和学生建立起信任关系，让学生消除紧张、顾虑等心理。幽默的语言分为很多种，如口语、眼语、体语等。鼓励性语言是课堂上调动学生积极性的常用而有效的方式，也是教师树立威信的一种方式，教师对学生的关注与欣赏是成功课堂的基础，积极的语言鼓励会让学生充满自信，充满对教师的爱戴与感激。暗示性语言很容易激发学生的学习热情，使学生对号入座，更加积极地去巩固成果，更多的学生则会按照暗示的标准努力改造自己、完善自己。暗示的作用在课堂教学中是非常有效的，但教师要善于运用，不能"一暗到底"，让学生摸不到成功，在适当的时机要给学生以明确的答复与鼓励。

案例 A   人教版课程标准数学实验教科书四下第八单元《数学广角植树问题》课堂教学片段

环节一：

师：生活中到处可见栽种得整齐而优美的树木，这些树木在栽种之前都离不开数学的设计与预算，今天请同学们做个小小设计师，为学校设计一份植树方案。

出示征集方案：学校操场一侧有一条 20 米长的小路，每 5 米植一棵树，请同学们设计一份方案，并说明理由。

师：同学们可以自己动手画一画小树和路，也可以和小组同学一起设计。

（学生探究，教师巡回指导）

师：请同学们展示一下自己设计的方案吧！

生 1：我的方案需要 5 棵树，我先把 20 米长的小路分成 4 段，每段栽一棵，最后在开始的一端也栽上一棵，一共就是 5 棵树。（师板书：粘贴小树）

生 2：我的方案需要 4 棵树，……开始的一端不栽。

生 3：我的方案需要 3 棵树……两端都不栽。

师：还有不同的方案吗？

生 4：我也是两端都栽，一共需要 6 棵树。

很多学生在下面小声反对：错了错了（生 4 一脸困惑）

师：你刚才可能没有认真听其他同学的汇报，你先栽的 4 棵当中已经包含一端了，再加 1 就行了，一共是 5 棵树，你自己再画图试试。

环节二：

教学例题：大象馆和猩猩馆相距 60 米，绿化队要在两馆间的小路两旁栽树，相邻两棵树之间的距离是 3 米，一共要栽几棵树？

学生独立列式，教师巡回指导，请一名书写正确（$60 \div 3 = 20$，$20 - 1 = 19$，$19 \times 2 = 38$）的学生板书。

师：请这名同学给大家讲讲你的想法。

生：大象馆和猩猩馆两端是建筑物，所以我选择两端不栽的方案，用 60 除以 3 算出有 20 个间隔，再用 20 减 1 就算出可以栽 19 棵树。两旁栽树再用 19 乘 2 就等于 38 棵树。

师：讲得太好了，我们是不是应该给这位同学点掌声呀？（学生鼓掌）

（仍有一部分同学表情茫然）

师：请大家一起分析一下这位同学的板书。

大象馆和猩猩馆两端是建筑物，所以我们应该选择——（生在犹豫）

师接：建筑物上能栽树吗？

生：不能。

师：那么我们要选择哪个方案？（生接：两端都不栽的方案。）

师：所以用 60 除以 3 算出有——（生接：20 个间隔。）

师：再用 20 减 1 就可以算出——（生接：栽 19 棵树。）

师：书中说两旁都栽，应该用——（生接：19 再乘 2）一共是 38 棵树才对。

师：解决问题时一定要养成认真分析的好习惯。

案例 B　人教版课程标准数学实验教科书四下第八单元《数学广角植树问题》课堂教学片段

环节一：

师：生活中到处可见栽种得整齐而优美的树木，这些树木在栽种之前都离不开数学的设计与预算，今天请同学们做个小小设计师，为学校设计一份植树方案。

出示征集方案：学校操场一侧有一条 20 米长的小路，每 5 米植一棵树，请同学们设计一份方案，并说明理由。

师：同学们可以自己动手画一画小树和路，也可以和小组同学一起设计。

（学生探究，教师巡回指导）

师：请同学们展示一下自己设计的方案吧！

生 1：我的方案需要 5 棵树，我先把 20 米长的小路分成 4 段，每段栽一棵，最后在开始的一端也栽上一棵，一共就是 5 棵树。（师板书：粘贴小树）

生 2：我的方案需要 4 棵树，……开始的一端不栽。

生 3：我的方案需要 3 棵树，……两端都不栽。

师：还有不同的方案吗？

生 4：我也是两端都栽，一共需要 6 棵树。

很多学生在下面小声反对：错了错了。（生 4 一脸困惑）

师：你说说自己是怎样设计的。

生 4：我也是先把 20 米的小路分成 4 段，先栽 4 棵，两端都栽，再加 2，$4+2=6$（棵）

师：哪位同学愿和生 4 探讨一下这个问题？

生 5：你先栽的 4 棵当中已经包含一端了，再加 1 就行了。

（生 4 仍然表现出不解）

师：（也做思索状）要是用图示表示可能更容易理解。

生 6：你一画图就明白了，按你的想法先分成 4 段，一棵一棵画，中间可以栽 3 棵，两端再栽两棵，一共也是 5 棵。

生 6：（认真地看了自己画的草图，恍然大悟）哦！我多分了一段，中间多算一棵。

……

环节二：

教学例题：大象馆和猩猩馆相距 60 米，绿化队要在两馆间的小路两旁栽树，相邻两棵树的距离是 3 米，一共要栽几棵树？

学生独立列式，教师巡回指导，请一名列式为 $60÷3=20$，$20-1=19$ 的同学板书，显然这名同学没有读懂"小路两旁"是什么意思。

师：请你跟大家说说你的想法。

生 7：大象馆和猩猩馆两端是建筑物，所以我选择两端不栽的方案，用 60

除以 3 算出有 20 个间隔，再用 20 减 1 就算出可以栽 19 棵树。

　　生 8：我不同意他的看法，书中说两旁都栽，所以应该是 20 加 1，一共栽 21 棵才对。

　　生 9：不对，两旁是说小路的两侧，不是指两端。（学生急于表达观点，主动站起来用手势说明两旁与两端的不同）

　　生 10：我同意生 9 的说法，这道题应该采用两端都不栽的方案，但生 7 只算对一半，他只算出小路的一边，两旁植树应该用 19 再乘 2，一共是 38 棵树才对。

　　（生 7 在讨论中已经将板书步骤补写完整）

　　师：大家简直就是百家争鸣呀，你们现在同意谁的做法？

　　生齐答：生 10。

　　师：这位小老师（生 7）很善于听取大家的意见，已经把板书修改完整了。（学生笑）看来解决问题时一定要养成认真分析的好习惯。

　　同样的情境下教师的评价，其方式不同可能会产生完全不同的效果。在案例 A 与案例 B 中，生 4 都在探究"两端都植树"这一方案时，其结论与同学发生了分歧，而在同学汇报后仍然没有理解，在这种情况下，两位教师采用了不同的评价：

　　在案例 A 中，教师直接猜测学生可能没有认真听取其他学生的汇报，并明确告诉生 4 "两端植树 6 棵"是错误的，并为其解释错误的原因，建议其画图理解。分析案例 A 中教师的评价语言可以发现，教师在课程改革中对于评价的理解深度过于肤浅。客观地讲，在这节课上，学生应该探究的几种方案都已经汇报出来，通过学生探究规律的教学任务已经达成，生 4 在学生汇报过程中，也应该理解自己的方案是错误的，并且生 4 提出疑义时，其他多数学生已经表达反对意见，教师因此武断地认为生 4 可能没有认真听取其他同学的汇报，这给其他同学一个错误的引导，都认为生 4 没有认真听课，这对生 4 的自尊心是个严重的打击，使生 4 在接下来的学习中情绪低落，难以再去积极地参与课堂教学，以后再遇到类似的情况即使不懂也可能不愿再去质疑。

　　在案例 B 中，教师并没有否定学生的答案，而是为学生搭建了一个平等的对话平台，由学生帮助生 4 从直观的演示中抽象出植树模型，在生 5 的解释未能达到理想效果的情况下，教师又故意与生 4 站在同一高度，利用体语进行暗示（故作思索状），用语言（要是用图示表示可能更容易理解）明确引导学生运用画图这种更简洁直观的方式去帮助生 4 理解棵数与间隔数之间的关系。

　　两种评价方式似乎都运用了新课程的理念，注重学生的探究过程，进一步思考，就会发现两种引导方式在教师的评价理念上有着本质上的差异，教师不同的评价方式使课堂产生两种完全不同的效果：案例 A 中课堂气氛紧张，师生都很拘谨，而在案例 B 中的课堂上，师生则一直处在一个和谐的气氛中，师生平等交流，学生积极参与课堂。

在新课程标准中，学生是学习的主体，让每位学生都获得发展，要教学追求的目标。在植树问题中，将生活中的植树问题抽象出棵数与间隔数之间的关系，建立植树问题的模型，进行规律提升，这是这节课的重点、难点，生 4 的思维状态实际上代表了班级中某一层次学生的思维水平，这些学生对规律的理解需要一个相对缓慢的过程，因而，无论生 4 是否认真听课，都要给学生质疑的机会。在案例 B 中，教师实际是将先进的评价理念融于几种评价方式之中，在尊重与理解的基础上，保护了生 4 的自尊心与自信心，激发了学生学习的热情，活跃了课堂气氛，同时也引导那些已经掌握规律的同学在帮助别人的过程中形成良好的评价品质，一举多得。

此外，书面评价与网络评价也是课堂评价的方式，书面评价是师生一对一交流的重要渠道，学生的学习情况、思想状态教师都可以通过书面评价来了解，同样教师也可以通过书面评价把自己的思想向学生传递；网络评价，是课堂评价的一种延续，在课堂中时间有限，不能一一评价，在网络中可以继续将其完成。可以把教师的表扬和期待通过随笔、对话等不同的方式，让学生真切地去感受，从而促进学生的自我反思与自我完善。

（三）创设引发生生互评的课堂氛围，构建和谐平等的课堂文化

生生互评有助于集中学生课堂注意力，有效促进全员参与，同时也帮助学生懂得合作交流的含义，养成尊重别人的好习惯，形成欣赏、宽容等良好的品质。

案例 B 中环节二的教学，学生面对需要更深层次思维参与的植树问题，教师对学生进行了正面引导，先选择一名全对的学生板书，再由这名同学面对全班学生讲解自己的解题思路，教师引导学生给予鼓励的掌声，为了加深巩固，教师按照解决问题的顺序再一次引导理清思路。表面看来，这充分体现了以学生为主体，尊重了学生的自主学习，实际上，从开始的学生讲解到第二遍的教师引导讲解，都是教师有意识地将学生的思维引向与教师同步的思维，使学生在按部就班的理解程序中完成对知识的探索。

案例 B 中，教师巧妙地利用学生最容易忽视的错误，将"两旁"作为一个焦点引发了学生之间的争论，生 9 借助身体的演示使"两端"与"两旁"的概念清晰地印在同学脑海中，生 7 在与同学的交流中顿悟了自己的疏忽，重难点在润物细无声中得以解决。全班学生都以极大的热情，积极参与或关注这场

辩论，并在关注中学会了分析，学会了尊重。教师在分析总结时对生 7 以一句幽默的表扬"这位小老师很善于听取大家的意见"，既保护了生 7 的自尊心，也适时地教育学生形成尊重、宽容的良好的评价品质。

（四）学生自评能力的培养是评价的最终目标

引导学生自我评价是尊重学生人格的一种表现，也是加强学生自我肯定、找出问题的有效方法，学生只有具备自我评价的能力，努力达到主动学习、自我监督、自我调节的目标，才能自立、自信，发展自我，实现个人价值，达到主动、全面、健康发展的目标。

学科日记、档案袋、自我评价量表等是学生自评的有效载体，学生要养成将学习过程中的体会与心得、学科知识的拓展与延伸以及自己感到有趣的、不理解的或者学科经典的知识在学科日记中记录下来，作为学科知识的积累，有意识地培养自己的兴趣，形成对学习成就或持续进步信息的相关记录和资料在档案袋中保存下来的习惯，定期查看，客观评价自己的进步，并利用自我评价表考察课堂行为表现，正确判断行为的具体缺失。

案例 B 中，生 7 在数学日记中写到：今天的数学课我上得非常开心，我做了一次小老师，为同学们讲题，当老师很过瘾，看到大家认真听课的样子，我感觉做一名老师非常幸福，但让人遗憾的是我少算了一步，都怪我太粗心，没有细致地分析题意，没有注意到是两旁栽树，不过老师还是表扬我善于听取别人的意见，下次我一定努力当一名合格的老师！

生 7 的数学日记中，不仅表现出对题目的理解，更表达了对养成良好学习习惯的愿望与努力，这正是学生在课堂发展性评价中所追求的自评的最终目标。

美国学者斯蒂金斯（Richard J. Stiggins）在《促进学习的学生参与式课堂评价》① 中指出："对于学生课堂参与式评价能力的核心是学生能够独立地评价自己的作业。如果学生不能评估自己的作文，也不能解决出现的问题，他就不能成为一个独立的终生写手。"这是有深刻道理的。

案 例 运 用

案例：中日课堂教学对比诠释及其启示——以小学分数除法课堂教学实录

---

① ［美］斯蒂金斯. 促进学习的学生参与式课堂评价 ［M］. 董奇译. 北京：中国轻工业出版社，2005.

①

 2007 年 12 月 3 日至 7 日，笔者与中央教科所的同仁，一行六人，到日本京都、大阪进行学术访问和日中课程教学合作研究。日方将会场之一安排到大阪市所属的、位于城乡结合部的一所小学，随机听课、现场研究，笔者自带摄像机全程录制了现场观察到的一节完整课。由于日方的这个小学的各个年级的课堂都可以随意进入，笔者按照自己的理解，随机选择到六年级的一个班，教学内容是小学分数的除法，属于典型的随机抽样。

一、实　况

 进入日本小学六年级的这个教室，感觉就像进入了游乐场，教室前面有学生学习的课程表等惯用的张贴材料，而教室的其他三面墙上张贴着学生们自己画的各种卡通人物，以及各种标语"我会胜利"等，这大概相当于我国教室后面的黑板报、墙报等。

 执教者是一位非常普通的女教师，大约四十多岁，齐耳短发，很干练、随和。整个班有 40 多名学生，桌椅板凳陈设比较整齐，学生们都穿着整齐的校服，只不过在寒冷的冬天，上身的长衬衫、短毛衣，与下身的短裤、短裙，反差格外明显。课堂教学内容是小学数学六年级"分数的除法"第一节课。下面是这节课的课堂实录。

 师：上节课我们学习了整式除法，那么下面这个问题谁能帮老师解决呢？
3 dL 油漆能刷 6 m² 的墙，那么，1 dL 能刷多少 m² 的墙？
想一想该怎么列式呢②？
教师板书：

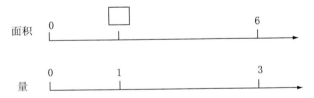

（在教师指导下，学生全体齐声读题）
生甲：（口述算式）6 m² ÷ 3 dL ＝ 2 m²/dL　　（教师板书③）

---

①　引自：孔凡哲. 中日课堂教学对比诠释及其启示：以小学分数除法课堂教学实录为例［J］. 小学教学：数学版，2009（4—5）.
②　单位 dL，即分升，它介于升与毫升之间。我国目前一般不采用这个单位，而直接用升与毫升。
③　日本特别强调运算过程中必须带上单位，这与我国中小学的作法不同。

师（总结）：

$$全体的量 \div 份数 = 一份的量$$

师（出示心得问题）：

$\frac{1}{3}$ dL 油漆能刷 $\frac{5}{8}$ m² 的墙，问：1 dL 能刷多少 m² 的墙？

（学生全体读题）

师：利用上面的模型我们该如何画出类似于上图的示意图呢？

当你看到这个问题的时候，结合我们学习过的整式除法，应该怎么计算呢？我们简单回顾一下上题："3 dL 油漆能刷 6 m² 的墙，那么，1 dL 能刷多少 m² 墙？"可以看出来，3 对应 $\frac{1}{3}$，6 对应 $\frac{5}{8}$，那么应该怎么列式呢？

（教师在学生中巡回，发现两种典型的画法，教师将其抄在黑板上）

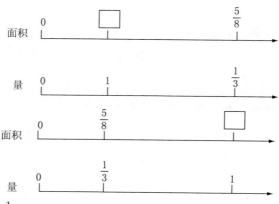

生乙：$\frac{5}{8} \div \frac{1}{3}$……

师：是这样的吗？

生丙：（式）$\frac{5}{8}$ m² $\div \frac{1}{3}$ dL（教师板书）

师：上面的两个图示哪个正确呢？

（这时，有的同学开始冷的打哆嗦，因为日本学校要求男生穿短裤，女生穿短裙，很耐人寻味的一件事）

（师生一起进行了一番讨论，最后终于确定第二个图示是正确的。随后，教师抹去错误的图示，保留正确的图示，如下图所示）

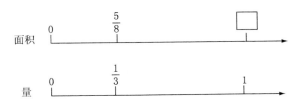

师：很好，大家能根据这个图示计算出它的结果吗？自己先在本上算一算。

（教师巡视，发现有的同学的答案是错误的，如 $\frac{5}{8}\,\mathrm{m}^2 \div \frac{1}{3}\,\mathrm{dL} = \frac{5 \times 1}{8 \times 3} = \frac{5}{24}\,\mathrm{m}^2/\mathrm{dL}$，同时，发现多数学生并不知道如何计算）

师：现在分小组进行合作学习，将你的答案与同伴说一说。

（仅仅十几秒的时间，各组就将各自的单桌拼摆成一个长方形的讨论区，每小组的六个人围坐一圈开始讨论）

师：各个小组的小组长到前面领取小黑板，将讨论结果展示给各位老师和同学。

（但是，六个小组并不是都在热烈地讨论——也就是说，每个小组并不是每位学生都参与讨论，如，第一学习小组的一名男同学开始给旁边的一名男同学讲自己的想法，两个人在互相探讨，而同组的其他四个人都没有参与进来，其中的两名学生在做小动作，另外的两名学生在翻课本，在纸上写写画画。班内的其他五个小组多数都在热烈讨论。时间持续了 10 多分钟）

（小组讨论在继续，两分钟后，优美的下课铃声响起，此时，各小组仍在热烈讨论，笔者赶紧抓拍各个小组合作学习完成的状况，特别是各组写在小黑板上的算式或计算过程，如下所示）

小组一：$\frac{5}{8}\,\mathrm{m}^2 \div \frac{1}{3}\,\mathrm{dL} = \frac{5 \times 3}{8 \times 1}\,\mathrm{m}^2/\mathrm{dL} = \frac{15}{8}\,\mathrm{m}^2/\mathrm{dL}$

小组二：

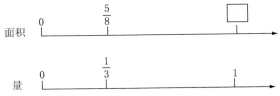

$\frac{1}{3}\,\mathrm{dL}$ 油漆能刷 $\frac{5}{8}\,\mathrm{m}^2$ 的墙，那么，从上面的表格可以看出

（式）$\frac{5}{8}$ m^2÷$\frac{1}{3}$ dL＝$\frac{5}{8}$ m²×3 dL＝$\frac{15}{8}$ m²/dL

小组三：（未完成情况）

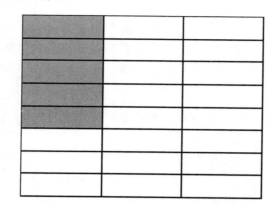

小组四：

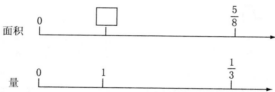

$\frac{1}{3}$ dL 油漆能刷 $\frac{5}{8}$ m² 的墙，那么，从上面的表格可以看出 $\frac{1}{3}$ ×3 ＝1，

那么，（式）$\frac{5}{8}$ m^2÷$\frac{1}{3}$ dL ＝ $\frac{5}{8}$ ×3 ＝ $\frac{15}{8}$ （m²/dL）

小组五：（基本完成情况）

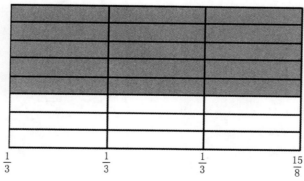

小组六：$\frac{5}{8}$ m^2÷$\frac{1}{3}$ dL ＝ $\frac{5}{8}$ × $\frac{3}{1}$ m²/dL ＝ $\frac{15}{8}$ m²/dL

说明：这节课在学生分组争论尚未结束，教师尚未进行全班汇总的情况下就结束了。但是，各组讨论的结果基本成型。不难发现，上面的六个小组的讨论结果中，小组六、四、二的结果正确，而且合乎情理，比较完美；而小组一的结果正确，说道理可能不太好说；小组五借助直观，结果正确，道理基本可以说清——但不知学生如何交代；小组三的思路与小组五相同，但是尚未完成。

二、与中国相应课堂实况的对比分析

为了能够说明中日课程教学的差异，我们特意在国内选择了相同内容、比较具有代表性的一节常规课"分数的除法"，同时，相应版本教科书内容逻辑编排顺序与日本的基本相近，但教科书的具体呈现方式有所不同。

（一）课堂导入的差异

日本的课堂导入强调从数学内部的矛盾直接引入，而我国当前的中小学课堂教学更加强调从现实情景出发，导出数学的矛盾。例如，我国的这节课堂教学的导入是：

师：我要送一个礼物给我们班（拿出"中国结"），你们认识吗？谁来介绍一下。

生：中国结！我们国家很早就有了，送人的时候表示吉祥如意的意思。

师：是啊，这些美丽的中国结发明于秦汉，兴盛于唐宋，流行于明清至今，有一个共同的特点——都是用一根绳子编出来的。谁来估计一下，这个中国结大约需要多长的绳子。

师：做一个像这样的中国结需要 $\frac{3}{10}$ 米长的绳子，（出示一根红绳）这根 $\frac{9}{10}$ 米长的绳子可以做几个这样的中国结？

（略待一会儿，不断地有学生举手）

师：你能不能用一个算式表示？你可以用不同的方法来解决吗？

（二）问题设置类型的差异

在问题设置上，日本教师直接导入分数除法的一般情况，而日本典型的小学数学教科书，如东京版、大阪版基本都是如此。

相比之下，我国当前的小学数学教师以及典型的课程标准实验教科书，其惯用做法是：按照问题的繁难程度，先导入简单的分数除法，如从"同分母的除法"到"异分母的除法"甚至更细的情形，然后，分门别类地逐步导入分数除法的一般形式（即除以一个数等于乘上这个数的倒数）。

（三）问题处理方式（即建立模型）的差异

日本的这位教师关于分数除法的教学处理的基本结构是：

（1）复习强化已学习过的模式"全体的量÷份数＝一份的量"。

（2）将新问题划归到已有的模式。

（3）直接引导学生得出分数除法的算式 $\frac{5}{8} \div \frac{1}{3}$ 。

（4）引导学生独立思考 $\frac{5}{8} \div \frac{1}{3}$ 的计算方法。

（5）组织学生分组讨论、合作完成算式 $\frac{5}{8} \div \frac{1}{3}$ 。

（6）组织全班汇报，形成一般结论（在这里，就是"除以一个分数，只需要乘以这个分数的倒数"即可。日本教师尚未在课堂上完成这一步，在课后的反思中，她提及到这一点，并且自认为，这节课未能完成既定的目标和任务）。

显然，日本的这种处理方式，强调从数学已有的认知结构出发，构建新的认知结构，特别关注已有的数学模式结构，关注将新问题划归为已有的模式。

而当前我国小学数学相应内容的惯用处理手法是：

（1）从实际情景出发，导入同分母的分数除法。

（2）引导学生借助直观解决"同分母除法"的问题，总结出算法"同分母的分数相除，只需要将相应的分子相除即可"。

（3）迁移到异分母的分数的除法，全班在教师的解说下，将其先通分、再划归到同分母的分数的除法。

（4）师生一起另辟蹊径，总结出"除以一个数等于乘以这个数的倒数"的一般规律。

相比之下，我国的这种处理方式，其最终结果在于，教学的难度大大降低，更利于学生的有意义接受，但问题的可探究性也大大降低，探索的价值也大打折扣。

不过，中日课堂教学的相似性非常突出，某些环节都具有典型的有意义接受特征。但是，日本采用有意义接受方式处理"分数除法算式的获得"，而将"分数除法的算法"作为独立思考、合作探究的核心内容，对后者的处理手法细腻、深刻，充分激发和培养了学生的探究意识与合作能力。而我国的特点是，按照内容的繁难程度，首先分类，而后采用教师引导、学生一起探究的方式，逐个化解，迂回得出"除以一个数等于乘以这个数的倒数"的一般算法。这种手法比日本的处理方式难度小，而探究的意义和价值也大大降低。

（四）对教学方式的理解差异

对照中日课堂教学关于教学方式的理解，不难发现，日本的这节课、这位教师，更倾向于学生独立思考基础上的探究、发现与合作，而我国当前的中小学课堂教学更习惯于将合作、探究作为一种点缀——反映"时代精神和改革动作"的一种表征，而不是为了合作、探究的目的而合作、探究。事实上，没有独立思考基础之上的合作，多数流于形式！

（五）教师教学基本功的实际表现存在差异

我国自 2001 年正式推行基础教育课程改革以来，很多教师将关注点转移到教学方式的转变、新理念的践行上，这无可厚非，而且值得鼓励。但是，忽视教师教学基本功的训练和养成，忽视教学基本功的新变化，成为制约我国课堂教学质量提升的阻碍之一。相比之下，日本的这节课反映出日本教师特别关注课堂教学基本功的实际效果，而且，这位教师的板书基本功、启发诱导与课堂组织基本功都特别优秀。同时，日本的课堂教学中并没有采用信息技术手段，教学效果虽然受未完成教学任务的影响而大打折扣，但依然是一节颇具特色和说服力的课。这与我国当前片面强调计算机、投影仪等现代手段的使用，追求表面的"整合"、"现代化"的不当做法，形成鲜明的对照。

三、启　示

（1）从学习的兴趣和学习的现实性出发开展中小学生学习的改革尝试，值得发扬光大，不容动摇。

（2）基于现实矛盾与问题域下的学习，与学科内部矛盾出发的学习，其功能各有优劣，前者对激发后进生、中等生的学习有良效，后者对优秀生的学习有显著的促进效果。

（3）有效的合作学习必须基于学生独立思考的基础之上。

（4）并不是所有的内容都适合合作学习，有效合作的内容必须值得合作、适合于合作。例如，这里的分数的除法的算法，就值得合作，而"列出算式"基本上属于"迁移"，合作的价值并不大，其效果也不是十分理想。日本的做法印证了这一点。

（5）课堂上的学生积极参与，教师的"适度放手、点拨、引导"，是保障课堂教学质量的要害。教师少讲一点，学生多想一点，是值得我们关注和思考的话题。

（6）好的课未必一定完美。好的课能够激起学生学习的主动愿望，而具体的做法可能各有千秋，我国当前的中小学教师更习惯于创设问题情境，从实际背景设置问题域导入新内容，而日本的课堂教学并不是从实际导入，而是典型的接受式，这也可以解释为什么日本的学生有那么多的中下等生不喜欢数学。但是，日本教师对于从数学内部的矛盾出发引发学生积极的思考，从对问题的多元处理方式引发学生的数学学习热情与合作的积极性，对于程度较好的学生的确有帮助，这是很值得我们借鉴和思考的。

互 动 对 话　如何凭借课堂诊断探明课堂教学行为的病因？

案例：在导入新课后，教师首先请学生回忆平行四边形的研究思路及性质，而后演示平行四边形教具，引导学生得出矩形的概念。此时，教学进入了矩形性质的学习阶段，教学活动的主要环节概括如下：

第一环节：教师抛出三个问题：

（1）类比平行四边形性质，猜想矩形有哪些性质？

（2）把所得结果写在一张纸上，一会儿到讲台前交流。

（3）同时验证你的猜想。

第二环节：学生展示猜想、性质、结论。（生 1、生 2 展示猜想）

第三环节：学生验证猜想。（生 3 度量法、生 4 旋转法、生 5 全等法、生 6 勾股定理法、生 7 直观判断法）

整节课似乎比较顺利，一切都在按部就班地进行，而整节课的课堂气氛沉闷。参加观课、评课的教师一片茫然。对于这种真实存在的课堂，有必要进行深入的教学问题诊断。

针对案例所反映的"课堂沉闷"现象，你能给出改进案例的建议吗？

如果不是初中数学领域的教师，能否与你身边的初中数学教师进行合作研究？下面提供本文作者给出的一个改进方案[①]，试评判其中的合理成分与不足之处：

前文的案例"课堂沉闷"现象特别鲜明，仅仅重视知识教学成为这类课的显著特征。其实，重视知识教学没什么不好。问题在于，教育不仅承载着传递已有知识的功能，更需要承担起教给学生智慧，让其学会做人、学会生存、学会发展的重任。对教师来说更是如此。"一般的教师教知识，优秀的教师教过程，卓越的教师教智慧。"[②]

解决"课堂沉闷"现象，必须体现浓厚的学科韵味及深刻的学科内涵，在

① 引自：李中华，孔凡哲. 数学课堂教学问题诊断与案例改进研究 [J]. 中国教育学刊，2011 (11).

② 孔凡哲，崔英梅. 课堂教学新方式及其课堂处理技巧：基本方法与典型案例 [M]. 福州：福建教育出版社，2011：序言

针对"双基"获得理解性掌握的同时，让学生经历一次学科思维的熏陶、观念的提升和方法的习得。

让学生经历"探索的过程、思考的过程"，其根本目的在于让每一名学生都经历学科思考的过程，逐步学会"带一副数学的眼镜"思考问题，逐步建构真正的学科理解，最终形成良好的学科直观和学科能力。

为此，在不改变这节课先前环节的前提下，可以将"矩形的性质探究"环节作如下改进：

（在此前，已经明确给出了矩形的定义：有一个内角是直角的平行四边形叫做矩形。）

（1）教师出示问题：有经验的木工师傅在采取传统的手工方法制作门框时，通常先分别制作两组等长的木条（每组两根），而后将凿好木槽（即衔接槽，俗称的"木眼"）的四根木条拼成四边形。此时的四边形一定是平行四边形，为什么？

（2）我们可以按照同样的道理制作（两组对边分别相等的）一个四边形活动框架（它一定是平行四边形）；在这个四边形的活动框架上，用橡皮筋拉出两条对角线。改变平行四边形框架的形状，两条对角线的长度有怎样的变化？如果我们可以在四边形的某个内角处放一个量角器（使得量角器的中心重合于这个内角的顶点，零刻度线重合于一条边）。随着对角线长度的变化，观察这个内角的度数发生什么变化？

通过两条橡皮筋的松紧程度，学生可以清楚地判断两条对角线的长短关系。当一条橡皮筋紧、另一条橡皮筋松时，此时的那个内角为锐角或钝角；当两条橡皮筋的松紧程度相同（即两条对角线相等）时，内角为直角；反之，当内角为直角时，两条对角线相等。

这一步其实是实物直观层面的（数学）抽象，其关键在于借助两根相同的橡皮筋帮助学生发现"（矩形）对角线相等"的图形性质，而这个属性是矩形区别于一般的平行四边形的关键属性，也是教学的重心所在。

（3）在上面的"矩形由平行四边形转化而来的过程"中，我们发现了不变的规律——两条对角线相等（而且，只有当平行四边形的对角线相等时，四个内角才能是直角）。是不是所有的矩形都具有这个规律呢？我们如何验证？

对此，可以借助几何画板，制作一个矩形课件，在矩形动态变化的状态下（即让矩形的四条边任意变动，而保持四个内角都是直角），分别度量出相应的两条对角线的长（即拖动矩形角上的一点，以改变矩形四条边的大小），可以发现，无论在任何情况下，两条对角线的长度始终保持相等。这个探究活动完全可以由学生（或学生小组）独立完成。

（4）对于生 3"度量"法，可以改为探究的方法以面向全体；对于学有余力的学生，也鼓励采用折纸的方法进行探究。同时，引导全班同学利用生 4 的"旋转"法进行探究。即，给每名学生准备两个完全一样的矩形，分别连接两条对角线，然后把这两个矩形重合，接着沿对角线交点旋转上面的矩形，当上面一个角的顶点与下面一个角的顶点重合后，发现两条对角线重合，这就说明两条对角线相等。

（如此，学生通过亲自动手实验、探究观察，积累了操作的经验、探究的经验，同时，经历了从直观发现到推理的过程，既有效发展了学生的几何直观，又训练了推理的能力。）

（5）利用折纸的方法进一步探索"矩形是轴对称图形，并且有两条对称轴"的相关性质。

准备一张标准的 A4 纸（它的边缘构成一个矩形）。将这张 A4 纸沿一条对称轴对叠，接着再沿另一条对称轴对叠，形成一个小的矩形，最后沿小的矩形的对角线对折（其中，对角线的一个顶点是两条对称轴的交点）。展开后，就可以发现，A4 的矩形纸被分成了四个可以完全重合的小矩形，而且，A4 纸的两条对角线分别等于小矩形一条对角线的 2 倍。从而，A4 纸的两条对角线相等。（由此也可以发现，这个结果符合轴对称图形的性质）

当然，该活动可作为部分学生课后研究的问题，作为全班的共性要求会有要求稍高的嫌疑。

在课堂教学中，让学生经历抽象概括、探索思考的过程，不仅可以展现知识发生发展的过程，也可以有效降低学习的难度，便于学生获得理解性掌握；同时，更有利于帮助学生逐步形成抽象思维的能力和探索发现的能力，为掌握"双基"，培养创新思维，奠定了坚实基础。

此外，诊断课堂教学不仅需要从教师对于课堂教学内容的学科本质的理解及课堂把握的适切程度去诊断分析，也需要从教师的学科功底、从师任教的基本功和教学特色风格等视角，进行思考、甄别。而提高教师课堂实施的实际水平，进而确保每节课的优质，是课堂诊断（乃至学校教研问题诊断）的根本目的。

思 考 与 活 动

问题：在课堂教学中，进行恰当的课堂观察、诊断与评价，是否有助于教师自身的专业成长？

思考：《中学（小学）教师专业标准》中明确提出"具备教学评价能力"，你如何看待这种能力对于教师教学方面的专业要求所起的作用？

活动：结合日常课堂教学活动，尝试系统地观察同伴的一节课，或者针对课堂教学中学生不当的学习行为进行诊断，写出你判断的理由。

拓 展 延 伸

论文：《试论教育的本原》

作者：史宁中

杂志：《教育研究》

出版日期：2009 年第 8 期

简介：论文通过分析人与动物的区别、智力如何形成，详细阐述基本思维能力的教育的基本策略、方法。

主要结论：人与动物最大的区别在于：人有两个特别的生理器官，即扩充了脑容量的大脑和喉位较低的发音器官；两个特别的行为方式，即工具制造和语言交流；两个特别的思维能力，即想象能力和抽象能力。其中，生理器官是基础，行为方式是表象，思维能力是本质。因此，理想的教育应该服从人的身心发展规律特别是大脑的发育规律，必须有意识地、有针对性地激活大脑的各个部位，使得受教育者在知识、能力等诸方面都得到发展。理想的早期教育的基本理念是注重智力开发而不是注重知识传授。早期教育在本质上应当是基本思维能力的教育，特别是要关注学生想象能力和抽象能力的培养，其根本课程目标应该是以思维训练的需要为核心。

优质高效课堂教学研修丛书

课堂教学
观察、诊断与评价

KETANG JIAOXUE
GUANCHA ZHENDUAN YU PINGJIA

YOUZHI GAOXIAO KETANG JIAOXUE YANXIU CONGSHU

ISBN 978-7-5602-9885-6

9 787560 298856 >

定价：25.00元